妖怪男ウォッチ

ぱぷりりこ

恋愛は魔窟《まくつ》である

「あれ？ 恋愛って楽しいものじゃないの？」

「なんで好きな人と一緒にいるはずなのに、こんなに苦しいの？」

「恋愛って、ときめいて、切なくて、ちょっと泣いちゃうこともあるけれど、ハッピーにしてくれるものじゃないの？」

こんな疑問を覚えたことはありますか？ 私はあるよ。1万回くらい。


「恋は多くの愚かさにすぎない」とうたったのはウィリアム・シェイクスピアですが、10代の私は「は？ シェイクスピアってなに言ってんの？ 首にラフレシアみたいなフリフリつけてるからかな？ 雰囲気もザビエルっぽいし……感性が古いなー」と思っていました。当時の私は、恋愛を「このつらい現実から自分を救い、美しい世界へ連れていってくれる魔法の飛行船」、愚かさどころか哲学の最高峰だと思っていたのです。男の子は王子様だし、「本当の恋愛」をすれば自分の人生はバラ色になると信じて疑っていませんでした。

そんな私の恋愛信仰をぶち壊したのが、中学時代に起きた両親の電撃離婚でした。仲が良くて、愛に満ちあふれていると思っていた両親が実はとうに仲が冷え切っていて、モラハラやら不倫やらが渦巻く昼ドラ世界の住人だなんて、私はまったく気づいていませんでした。さらに両親がともに別の相手とサクッと再婚したりしたものだから、混乱は最高潮。「恋愛ってなに？　一生の誓いってなに？　ていうか恋愛コワイ！　そんな目に見えないもの信じるとか無理じゃない⁉　愛は幻？　脳の異常？　ホルモンバランスの乱れ‼」となり、「ときめいて、切なくて、ちょっと泣いちゃうこともあるけれど、笑顔でハッピーエンド」という信仰は灰燼《かいじん》に帰したのでした。

「恋愛に夢を見ず、目の前にある恋愛をちゃんと観察しよう。そうしないとまた大ダメージを食らう」

大学生になった私は、このようなスタンスで恋愛市場に参入しました。

幸い、東京の女子校育ちのため、女友達があちこちの大学に散らばっていたおかげで、恋愛話は360度どこからでも入ってきました。女は恋愛情報を共有するアメーバ知識生命体なので、誰がどんな男と付き合っている、別れた、やばい男にハマっている、片思いが続いている、という情報がうっすらと、時にくっきりはっきりと共有されています。

「女は女子会で恋愛話をしてキャーキャー盛り上がり、解決を求めているわけではなく共感を求めているだけ」という風説は、半分は合っていますが半分は間違っています。女子会には「共感」部門と「戦略」部門があり、構成員は「相談するタイプ」「相談を受けるタイプ」がいます。

各グループの「相談を受けるタイプ」は、自分では処理しきれない話題やアドバイスしかねる問題を別グループ所属の「相談を受けるタイプ」女子にエスカレーションして、議論を重ねて知見を共有し、各グループにフィードバックするという活動を行っています。私は「相談を受けるタイプ」に属していたため、エスカレーション体制の恩恵を受けて、各方面から多種多様な相談内容を聞く機会に恵まれました。

そして確信しました。恋愛は戦場であり、魔窟であると。いやーシェイクスピアごめん。ザビエルめいたラフレシア男とか言って悪かった。

まー聞けば聞くほどエグいエグい、少女漫画が阿鼻叫喚《あびきょうかん》して逃げ出すすさまじい恋愛百物語があちらこちらに転がっていました。しかも彼女たちは「この世のありとあらゆる恋愛を知りたい、人間の闇をのぞきたい」と思って百鬼夜行《ひゃっきやこう》しているわけではなく、心の底から「恋愛をして幸せになりたい」と思っているのに、です。幸せになりたくて、モテテクの本を読み、モテ服を着て、恋愛映画と漫画に自分を投影し、占いに駆け込み、女子会を開くのに、それでも幸せな恋愛に結びつかない。しかも「あれは災難だったね、次は幸せになるといいね」と震えながら励まし合っていても、似たようなパターンの恋愛を繰り返す人も続出。

なぜ幸せになりたいのに、つらい恋愛を繰り返してしまうのか？ ループ現象の謎を追うために、取材分析班は魔窟へ飛びました。10年あまりのデータ収集とディスカッション、仮説構築と棄却の結果、得た結論は下記３つ。

❶好きな相手・付き合った相手が「妖怪男」だから。

❷自分の求める「理想」を自分で知らないから。

❸つらいと感じているにもかかわらず、「つらい現実」を見ないから。

これらのどれか、あるいは全部です。

妖怪男とは

妖怪男とは、異なるルールや価値観を持っていて理解の範囲を超える男、他者を利用して傷つけて災厄をもたらす男です。

「妖怪」は、人間とは異なるルールで生きている存在で、福も災いももたらします。悪意がある妖怪もいればない妖怪もいます。人間も同じようなものです。妖怪男に出会ってしまっても、浅い付き合いなら「やばい」「びっくりー」程度で済みます。が！恋愛で深く関わる相手が妖怪男だと、喜びよりも痛みの方が蓄積して生気を失います。搾取してくるタイプと長く付き合うと、心身ともにとんでもないダメージを食らってしまいます。

「王子様だと思ったら妖怪男だった」

「もう妖怪はイヤだと思ったら別の妖怪にハマった」

このような事例を山ほど見てきました。恋愛魔窟には妖怪男たちが跋扈《ばっこ》しています。ワサワサしています。

本書の構成

本書は、「恋愛魔窟コワイ」「ヤバい魔窟ど真ん中で遭難してるんだけどどうすればいいの」という淑女の皆さんのための、恋愛魔窟サバイバルガイドです。「妖怪の章」では、恋愛魔窟に跋扈する妖怪男17タイプの生態を、オンライン・オフラインで得たインタビュー&自分の経験をもとに解説しています。「退魔の章」では、妖怪男への結界を強め、妖怪恋愛ループから抜け出す方法を紹介します。

本書には、いわゆる「モテ男」「いつも彼女がいる男」たちが多く登場します。「モテ男だからステキに違いない」「理想の彼になってくれるに違いない」というドリームを、ぜひ楽しく打ち壊していただければと思います。

もし現在、特につらみ恋愛をしていない、あるいはそのつもりがないという方々は、真っ黒エンターテインメントとしてお楽しみください。

最後に繰り返します。

恋愛市場は魔窟である。恋愛話は百物語である。女子会は戦略会議である。

コンサル男
自称
ロジカル男
知り合いが
すごい男
見下し山
プライド山
プライド山男
恋心の
搾取地主
ディスり芸人
メンヘラ
ほいほい男
自信ない渓谷
束縛使い
受け身の
森
彼女自動補充男
第二のママ
錬成術師
僕を救って男

妖怪男マップ

わくわく魔窟MAPを持って妖怪男に会いに行こう!

目次

妖怪の章

「君は賢いね」

こんさる-おとこ
〖kon saru otoko〗

コンサル男

コンサル男は、すべての人間関係にロジックとコンサルテクニックを適用させる、ロジカル至上主義男です。論理思考能力が必須のコンサルタント職に多いですが、必ずしもコンサルタントのみに限りません。立てばMECE（ミーシー）、座ればファクト、歩く姿はデリバーバリュー、それがコンサル男。彼らは「感情などあるほうが負け」と思っているため、血が通った人間らしさ（愛、葛藤、戸惑い、迷い）を見せません。彼らの脳髄を占めるのは「効率」「ロジック」「有益性」「コストパフォーマンス」のみ。ケンカをした次の日には「昨夜の討論で表面化した関係性における問題点サマリ」という怪文書を机の上に置いておくタイプで、仕事、恋人、家族を問わずどこでも「仕事のやり方」を貫きます。「うまく現実世界に投影されたAI」という言葉がとてもよくお似合いで、思わず「お前の血は何色だ！」と叫びたくなりますが、ロジックのお腹からイシューと産声を上げて生まれた生命体なので、そもそも血が通っているのか不明です。人間関係が深まれば鬼畜にしか見えないコンサル男ですが、世間では勝ち組の「高給ハイスペ男」です。仕事処理能力や思考能力が高いため学歴や職歴が華やかで、挫折経験がほぼなく、良くも悪くも自信に満ちあふれているので、「彼のそばで成長したい☆」「自分より優秀な人じゃないと濡れない☆」というバリキャリ女子が後を絶ちません。

ハマるターゲット層

- バリキャリ＆優等生
- 向上心・成長欲求が強い
- 「周りのレベルが低い」と嘆いている
- 自分より賢い男に鎧をはがされたい
- 男性のスペックは息を吸うたびにチェック

ターゲット層へのアプローチ

- 華やかな経歴で、エリート街道をまっしぐら
- 年収・実務能力が高い
- ビジネス知識が豊富で、会話がスマート
- （みんなが見ている前では）紳士的にふるまう
- 「自分は凡人とは違う」と自負している

クリスマスディナーってコストパフォーマンスが悪いから行かない

インタビュー

メーカーの営業職。激務女子。
大手コンサルタントファームの彼氏持ち。

ぱぷりこ(以下：ぱ)「最近、彼氏とはどう？」

「順調だよ〜。彼、本当に頭が良くてすごい。私、今まで周りの人を尊敬できなかったんだけど、彼に出会って初めて、人を心の底から尊敬するってことがわかった」

ぱ「(今さらっとすごいこと言ったな)それは何よりだね。そういえばそろそろクリスマスだよね。デートはするの？」

「彼に『クリスマスどうする？』って聞いたら、『クリスマス時期の西洋料理店はどこも素材の割に値段が高騰しているし、回転率を取るためサービスと味が落ちるから、パフォーマンスが下がりすぎて行く意味がない。あの高騰は異常だよ。需給バランスが崩れている時に出歩くのは一般人のすることだね』って言ってて、だからおうちデートか年末に温泉でも行くかも〜。私もクリスマス必須派じゃないからそれでいいかなって」

ぱ「そうなんだ。別に行かない理由に原価率と回転率を混ぜて説明してくれなくてもいいのにね。付き合って半年くらいだし、プレゼントが楽しみだね。昔の彼氏からはよく指輪をもらってたじゃない。今回は？」

「そういうのは絶対ないよ！彼は結婚を意識させるようなことは、ちゃんとステップを踏む感じなの。でも私との将来は考えてくれてると思う。この前、年収を開示されて、貯金額も『心配しないでいい額はあるよ』って言ってくれてた。これって将来をを考えてるってことじゃない!?」

ぱ「それだけではなんとも言えないけど、数字を開示したことに意味はあるかもね」

「あ、でもそれに絡んで仕事のことを突っ込まれて、なにも言えなくなっちゃったんだよね。ほら、うちの会社は小さいからいつも忙しいし、納期前は徹夜もするでしょ？その話になったら『君は将来のキャリアプランをどう考えて今の仕事をしているの？俺は明け方まで働いてるけれど、その働きに見合う給与をもらってる。それに今の会社でマネージャーになることが叶うキャリアだけど、君はどうしてそんなに働くの？どう考えてるの?』って言われて。そんなこと考えたことないから固まっちゃったよー」

ぱ「それ端的に言って『どうしてそんな安月給でそんなに働いてるの? 意味ある?』って聞いてるよね」

「それは深読みしすぎだよ! 私のことをちゃんと考えてくれてるんだよ。この前も『俺、けっこう忙しいんだよ? でも君とは一緒にいるし、ちゃんと彼女として大事に思ってるよ』って言ってくれたし。でもね、彼の誕生日に懐石を頑張って作ったら『ちゃんとした食材を使ってるんだから、おいしくないわけないよね』って言われて……。私けっこう頑張ったんだけど、まさか素材を褒められるとは思わなかった」

ぱ「それ新しいね!? 『いい食材を使ってるからね』って発想しゅごい! しゅごい!」

「彼は仕事柄、VIPとの会食で当然いいお店を知ってるし、実家も裕福で舌が肥えてるんだよね。私、料理の腕はそこそこ自信あったんだけど、『母親は食材によって塩の種類を変えてたよ』って言われて、まだまだ頑張らなきゃいけないなって」

ぱ「なぜいちいち比較対象を出すんだろうね。アップルトゥアップルしないと気が済まない星の王子なのかな。ていうか、モラハラ気質が見え隠れしますが大丈夫ですか?」

「彼に近づきたいし、認められたいから、どんなことでもやれることは全部やるっ! この前も『日本語だけで情報収集して大丈夫なの?』って言われたばっかりだから、英語でニュースを見ようとしてるんだ」

ぱ「そうかー私は父と兄がコンサル男で超苦労したから圧倒的におススメしないけど……」

半年後

「ぱぷりこ、私もうダメかもしれない……彼の期待に応えられないし、彼は結婚してくれないかもしれない……どうしよう……もうこれ以上どうやって頑張ればいいのかわからないよ……(電話口で号泣)」

駆けつけて話を聞いてみると、彼を好きな気持ちと期待に応えられないプレッシャーと不安で、うつ病一歩手前状態の彼女がいました。何を聞いても言っても「でも私が悪いの……」「私のせいなの……」と泣き続けるばかり。その後、彼に不安大爆発をぶつけた結果、彼女が面倒になったコンサル男にあっさりフラれてしまい、彼女は立ち直るまでに長い時間を要しましたとさ。

「激務すぎて彼女がいないから」という理由でふらっと合コンや婚活市場に現れます。それは半分は本当ですが半分は嘘です。彼女を作る時間がないというよりは、「彼女」という存在に割く時間がいつもないだけ。彼らにとっては、仕事＞＞＞＞＞＞＞＞＞（越えられない壁）＞＞＞＞＞＞＞その他（家族、彼女を含む）。元彼女がモラハラと不安に耐えかねて不安ガスバス爆発して別れた後、後釜を探すために現れているのが実情です。

ただし出会いの場に出てくる時は外交モードでモラハラ要素をほとんど見せないため、周りからは「頭が良くて論理的な紳士」に見えるので女性陣は「こんな頭がいい人は初めて！」「同期の男子や元彼とは全然違う！」「優秀な人といて刺激される！」と群がります。

そんななかで、コンサル男は「女にしてはそこそこ賢い子」をピックアップします。なぜならコンサル男は「バカな女が嫌い」だからです。一方で、コンサル男は「すべての女はバカ」とも思っています。彼らにとって「女」は癒やし要素、従順さ、見た目の良さ、若さなど「社会的な体面を損なわず、かつ自分の手を煩わせない」要素を強く望んでいるため、キャリアや知性などは最低限を求めるだけ。ただし、圧倒的な素晴らしい頭脳を持つ自分の言うことを理解できない女はストレスがかかりすぎて無理なので、そこらへんの足切りはきちんとします。そうすると必然的にターゲットは「上昇志向で周りの男に幻滅している、そこそこ優秀なバリキャリや優等生」になります。

結論から言ってくれる？
俺になにを求めてるの？
それは俺の問題というより君の問題だよね？

彼女たちを落とす文句は「君は賢いね」「頭がいいね」。なるほど褒めてる？ ノーノー、思いっきり見下しています。ネイティブ英語スピーカーに「君は英語がうまいね」って言わないですよね？ 自分にとっては呼吸と同じレベルで当たり前の「賢さ」を褒めるって、「そう思ってなかったから」ですYO！！！

さあ、ぱぷりこ翻訳機の出番です（テレッテー）。

コンサル男「君は賢いね」

ぱぷりこ翻訳機「女は基本的にバカで俺をイライラさせる存在が95%だけど、君はその中でも俺の言う言葉の意味を理解しているからイライラ度が少ないし、最低限の脳みそは持ってるようだね。俺の足元にも及ばないけど」

「賢いね」と言われた子は「こんなにすごい人に褒めてもらえた！」「認めてもらえた！」と舞い上がりますが、**勘違いです。**でもこの時にモラハラ臭は出ていないので、ほとんどの人は気づきません。

付き合い出すと、コンサル男は**「二足歩行できて言葉をしゃべれて、料理やセックスを提供できて、彼が居心地がいい環境を提供する愛玩プードル」**を彼女に求めてきます。彼らの辞書に

「感情」「共感」「対等」というキーワードはありません。あるのは「この俺に手間をかけさせないで？　それだったら彼女ポジションからは外さないでいてあげる」という方針のみ。「彼氏と彼女の関係」というよりは「上司と部下の関係」と言ったほうが適切です。

家事、癒やし、気遣いはできて当然。食事がまずければ「そんなに無能で暇なのに食事すらまともに作れないの？　こんな些細《ささい》なバリューもデリバーできないの？」と無言の圧力をかけてきます。彼女には圧倒的な気遣いを求めますが、自分からの気遣いは皆無。思いやりやおもてなしは暇人のすることだと思っています。コンサル男の彼女でいるためには、仕事の邪魔になることを一切言わないことが条件です。「急な重役会議で誕生日を祝えなくなった」とドタキャンされたら「そっか。お仕事、頑張ってね」と言うのが唯一の正解です。

あまりにも下に置かれる扱いに、彼女陣は「私って本当に彼女なのかな」「彼は私のことを好きなのかな」と不安に駆られます。ですが、「悲しい」「つらい」「寂しい」という感情をさらけ出してコンサル男に共感を得ようとしても無駄無駄無駄。だって彼らはそういう感情を持ち合わせていないから。「結論から言ってくれる?」

「俺になにを求めてるの?」「それは俺の問題というより君の問題だよね?」と返り討ちにあうのが関の山。彼らは仕事で使うディベートスキル、交渉スキル、ロジカルシンキングをフルに使って攻めてくるため、ほとんどの子はこれに太刀打ちできません。

圧倒的に不機嫌になるコンサル男を見て、彼女勢は「こんなに優秀な彼を怒らせてしまった」「自分ができないばかりに彼に迷惑をかけてしまった」と自己評価をメキメキ下げて、不安や不満を漏らさずに「いつも笑顔でいなきゃ。彼のために。私にはそれしかできない」とロマンポエム麻薬をキメて、従者に成り下がっていきます。

さらに日常的に「世間はバカだよね」「君の友達もバカだよね」「君の職場もバカの巣窟だね」「そんな年収しかもらってないのに働けるモチベーションはなんなの?」「こんなことも知らないの?」「本をちゃ

ん と読んでる?」「そのレベルの仕事で満足してるの?」といった意味(言い方はソフト)の言霊《ことだま》ナイフを投げつけられるものだから、**JP(自尊心ポイント)**がさらにゴリゴリ削られます。

普通に考えると**ただのモラハラ**ですが、コンサル男は傍目には「ステータスがキラッキラ、仕事でバリバリ評価されている優秀彼氏」だし、上昇志向の女性はなまじ優秀なためにここまでボロクソに言われたことがないため、「彼ほどの人に直接指導してもらえるなんてスキルアップになる」「自分は優秀でできると思ってたけどそんなことなかった。彼のもとで成長できている」と、この状況を肯定しようとして、ブラック企業の求人広告なみに「成長☆圧倒的成長☆」とうわ言を言うようになります。

破綻期

コンサル男と彼女が別れるパターンは主に3つ。

- 彼女がつらみに耐え切れずに爆発して別れる
- 奴隷としての能力を果たせなくなった彼女をコンサル男が解雇する

・より良いスペックの女をコンサル男が見つける

コンサル男の彼女にとどまると、自尊心を削られ、モラハラを受け、セックスできる奴隷扱いされるため、並大抵ではないつらみを抱えることになります。

女たちはしばらくの間は「**彼のために笑顔でいよう**」という**ロマンポエム麻薬**をキめて、「**彼の指導で私は成長できてる**」という**成長神話麻薬**で激痛を抑えつけて現実逃避します。が！　いくら鎮痛剤を打ってい

ても、心はメタメタに傷ついているので、ストレスがたまって、体にも負担をかけまくり。いずれ心身ともに限界が来ます。

彼女の不安爆発は次に掲げる3つのパターンのどれかが多いです。

・「彼に愛されているかわからないから……でも彼ほどのスペックの人を逃したくないから……」と浮気に走る
・ストレスにより不満や不安をコンサル男にぶちまけてしまう
・我慢に我慢を重ねた結果、重い病気や精神不安定になり入院騒ぎになる

爆発する＝コンサル男に多大な迷惑をかけることになるので、即お別れが決定します。爆発する前でも「こいつは使えないな」とコンサル男に見限られたら解雇されます。また「今の彼女よりハイスペックの女」が現れた

場合も、**即解雇**されます。

コンサル男にとって「彼女ポジション」は、「**壊れたら取り替え、マシなものが出てきたら乗り換える」消耗品**なので、付き合った年月などはまったく加味されません。そんな情があったらコンサル男になりません。

ですが、彼女たちは「**彼の心の氷河を私の圧倒的な愛で溶かしてみせる」「彼は自分を素直に出せない、悲劇的で美しい人。私が彼を支える」**といったロマンを夢見て期待して、関係を続けてしまいがち。

「彼は違う星雲に住む人なんだ」と気づく頃には心身ともにボロボロになり、元の世界に戻るまでに多大な時間を必要とします。コストパフォーマンスが悪すぎです。

「感情的な人とは話したくない」

じしょう-ろじかる-おとこ
〘jisho rojikaru otoko〙

自称ロジカル男

自称ロジカル男は、自称「論理派」なものの、実際のところは論理破綻《はたん》している男です。「おお、ロジックツリーが燃えておる……なんということじゃ……」とロジック村の長老が呆然とする内容を、さも「常識」「論理的に正しい」という態度で詰め寄り、相手を混乱の渦に叩き込みます。自称ロジカル男は、浮気、ギャンブル、嘘、結婚の話題など、自分にとって都合の悪いことを指摘された時に「相手を黙らせる手段」「自分の主張をゴリ押す手段」として「俺俺ロジック」を振りかざします。なので本当に論理的かどうかは関係ありません。彼らの言う論理とは「相手を黙らせる詭弁《きべん》」です。 彼らの基本戦法は「ロジックが破綻した詭弁をゴリ押しし、相手の反論を封じる」こと。「僕の考えた最強の論理」をブシャーッと噴射させ、「自分はこれほどロジカルだから正しい。反することを言う君は間違っている」という態度を貫くため、言われた側は「何を言われているかわからない＋相手の勢いに飲まれてしまう＋言われた内容へのショック＋自分が間違っているのでは？ という疑問」に飲まれて反論できないことがほとんど。泣いたり悲しんだりしようものなら「論理的じゃない」とバッサリ一蹴。あらゆる「論理」を振りかざして、自分への批判、反論、意見を封じ込めます。オーマイモラハラ！このように話し合いの余地などハナからないのですが、自称ロジカル男は「相手が言い返せない＝自分が正しい」という認識を強化してますます自信をつけていく、という地獄サイクルが生まれます。なまじ普段は優しいものだから「怒ると怖いけど私がガマンすればうまくいくのでは……」と悩む女子がワサワサ量産されていきます。

ハマるターゲット層

- 「頭がいい人☆」が好き
- 「頭がいい人がいない」と嘆いている
- 自分の意見をはっきり言えない「いい子」
- 学歴コンプレックスがある

ターゲット層へのアプローチ

- そこそこ良い学歴
- 頭が良さそうに話す
- 普段は優しく、物腰も穏やか
- 「俺はロジックマンで賢い」と自負している

『じゃあ今ここでLINE履歴を見せて。私は不安だからそうしてほしい』って頼んだの。そうしたら『そういうことを言うってことは、君と僕の間に信頼関係がないってことだよね？　そういうことを言う君のことが信頼できない。自分の信用を君は今、落としてるんだよ』って言われてさ……」

ぱ「ちょ、ちょっと待って。首をかしげすぎて折れそう。彼のほうが信用を落とす行動をしてるのに、なんでJちゃんのほうが信用ないことになってるの？？？」

「やっぱりわからないよね！？　私、ものすごく混乱して『ごまかさないで！私の質問に答えて！』て叫んじゃったの。そしたら、ほら見ろ、やっぱり女は感情的だとか、人類は感情的であるべきでなく論理的であるべきだ、感情は殺せ、人類は進化しなくてはならない、とか、なんかよくわからない話になっちゃって」

ぱ「ちょ、ちょ、ちょ、私の心のロジック村が怒りのあまり粉塵爆発しそう。その彼氏、デカルトになったりダーウィンになったり、なんなの？？？　自分の浮気が題材なのに、なぜ人類の進化に話が進むのか、ヤバみがすごすぎてついていけない」

「だよね……私もあとから考えて、言ってることがおかしいなって思ったんだけど、なんかその場では彼の気迫に飲まれちゃって、それ以上は追及できなかったんだよね。でも、一晩よく考えてみたらやっぱりおかしいし、納得がいかないから、翌日に自分の考えをまとめて言おうとしたんだよね。そしたら『そうやって過去の話を蒸し返さないでくれる？　その場で言いたいことは言うべきで、あとから蒸し返すのは卑怯《ひきょう》だよ』って言われちゃって。彼は私よりずっと学歴が高いし頭もいいから、彼の言う通りなのかなって思って……。どう思う？」

ぱ「自分の浮気が題材なのに、なぜ人類の進化に話が進むのかまったく理解不能！　女は感情的とか主語がでかすぎ！　自分から逃げたのに過去の話にしてるのもおかしい！　上から下までもれなく論理破綻してるし、逆ギレを正当化するために感情だのロジカルだの言ってるだけ！　ロジックの神に土下座せよ！！！」

アパレル通販のWebマーケティング職。
同じ職種の彼氏と付き合って１年。

インタビュー

感情は殺せ、人類は進化しなくてはならない

「ねえ、私って感情的だと思う？　ていうか、女って感情的だと思う？　彼に言われたんだよね」

こんな友人の問いに、私の首は45度ぐらい傾きました。妖怪男体操第九では、何を言っているかわからない男の話を聞いた時、この動きをします。ストレス解消に最適。

ぱぷりこ（以下：ぱ）「男女問わず人類には感情と理性の両方があるし、それらは不可分だから答えはノーだけど、え、彼氏ってデカルトだったっけ？　なにその極端な二元論？」

「後ろを通る時、たまたま彼のLINEが見えたの。そしたら大学生の若いインターン女子とハートマークを送り合って待ち合わせ場所について話してたんだよね」

ぱ「野鳥の会ばりの観察眼……そういえば昔から両目とも2.0だったもんね」

「そー、見えちゃうんだけど見たくなかったよー。しかも私にはその予定のことを『友達の家に行くから今日は帰ってこないかも』って言ってたんだよ。『なにそれ浮気？　なんで嘘ついて他の女の子と約束してるの？』って聞いたの。そしたら『そういう言い方は好きじゃない。なんでそんな感情的なの？感情的な質問には答えないし、要求に応える必要もない』って言われて」

ぱ「？？？？？（妖怪男体操第九）質問に答えるふりして答えていないね？『質問に質問で返しちゃダメ』って胎教で習わなかったっけ？　質問へ答えずに内容をすり替える男は100％ロクでもないし、さらに相手に責任転嫁して逆ギレ……ていうか、クロだね？？？」

「うん。真っ黒だと思う。私は人のスマホを勝手に見るのはイヤだから、↗

自称ロジカル男はコンサル男よりも数が多いので、比較的どこでも出会えます。彼らは**「自分は賢く論理的だ」**と思っており自信もあるため、「コンサル男」と一見すると見分けがつきません。しかし、コンサル男がキッチリ組み上げた正統ロジックでゲキ詰めしてくるのに対して、**自称ロジカル男は超論理（破綻済み）をゴリ押し**してくる点が異なります。

コンサル男は非情ですが、ロジック自体はしっかりしており、仕事も鬼のようにできる人が多いです。一方、自称ロジカル男は**ロジック破綻しているものを「ロジック」と言い張る**ので、コンサル男ほどロジック神の寵愛《ちょうあい》を受けられてお

りません。

ですが、ぱっと見にはそれほど違いがあるようには見えません。自信があって、いろいろな知識があり、会話をポンポン弾ませられるので、「頭が良くて素敵」「ちゃんと話せる男性を久しぶりに見つけた」「会話が弾んで刺激的」という知的好奇心や向上心の強い子、「頭のいい人がタイプ」という子を釣り上げます。

付き合い期

ラブラブチュッチュ期間はほとんど問題ありません。頭がいい彼と刺激的な会話ができて彼女は満足しますし、自称ロジカル男は彼女がニコニコでいてくれる限りはご機嫌です。そう、なにもなければね。

不穏な影が見え始めるのは、2人の間で衝突があった時。自称ロジカル男は問題があった時、話し合いをせずに「**俺俺ロジック**」で相手を言い負かそうとします。最も多いのが「**浮気**」「**結婚したくない**」という、**自分に不利な事柄を謎論理でつぶそうとする行動**です。言い負かして黙らせることが目的なので、論理が破綻していようがお構いなし。「**俺のロジックは正しい。お前は間違っ**

ている」と相手を全力で否定しにかかります。

ケース1

彼女「浮気してるでしょ！」

自称ロジカル男「そんな感情的な質問には答えない！ 人類は感情的であるべきではない、論理的であるべきだ（と感情的に言う）。」

ケース2

彼女「ごちゃごちゃ言ってるけど、結局は私の質問に答えてないじゃない。話をすり替えるのはずるいやり方だよ」

自称ロジカル男「ずるいと思うのは自分の思い通りにならないからでしょ？ あと、お願いするなら言い方ってものがあるよね？」

ケース3

彼女「結婚したい」

自称ロジカル男「その年まで悠々自適に自分がやりたいことをやってきたのに、さらに結婚したいなんて言うなんてわがまま。仕事も趣味も結婚も子どもも欲しいなんて、強欲の極み」

以上、すべて、実話です。この独創的な超展開、真似しようと思ってもできない！ 超論理村のクリエイティビティに震えが止まらない！

文字にするとあまりにもトンデモなので「こんなのすぐ反論できそうじゃん」と思うかもしれませんが、自称ロジカル男の俺俺ロジックに対抗するのは想像以上に困難です。

まず、彼らの言うことを理解するのに時間がかかります。「そこ!? そこなの!?」と思わず三度見してしまうぐらい想定外のことを言ってくるため、脳みそCPUの処理速度が追いつきません。言っている意味がわからず質問しようものなら、さらに謎論理と言い逃れを繰り出してくるので、理解が深まるどころかますます脳みそ大混乱。「浮気」の話が「お前はいつも俺をイライラさせる」と話をすり替えられるのは序の口で、ひどいものだと「人類は進化

しなければならない」という壮大なスケールの話にまでホップステップ飛躍します。

会話を続ければ続けるほど、自分の質問にちゃんと答えてくれないことへの怒りやイライラ、攻撃されたことへのショックで、冷静になるのが難しくなります。こうなると自称ロジカル男の思うツボで、ここぞとばかりに**「お前は冷静じゃない」「感情的な人間とは話したくない」**と、さも**「俺ではなくお前が悪いんだ」**と責任転嫁してきます。イライラさせた張本人が「お前がイライラしているのが悪い」とは、居直り強盗もびっくり☆の

人類は進化しなければならない
キリ
進化論
感情は殺さなきゃ……

居直りぶり。

さらに彼らは強い口調で断定的に「べき」という単語を多用して「自分は正しい、お前は間違っている」と攻撃してきます。あまりの堂々たる自信と口調に、言われた側は「あれ、自分が間違っているのかな?」と自分に疑問を抱きがち。彼らが平素から行っている「俺はロジックマン」ブランディングも強い影響を及ぼします。「彼はロジカルなんだから、理解できない自分のほうがおかしいのでは?」「頭がいい彼が言うなら、自分が間違っているのでは?」と自信を失っていきます。たとえ「彼の浮気」という、明らかに彼に非がある場合でも「浮気されたのは、私が彼のことを信じ切れなくて、彼がストレスを感じたから?」と自分を責め出すことも。トンデモ論理に殴られると、このようなひどい後遺症が出ます。

自称ロジカル男の最終ゴールは「まともに話し合わない」こと。彼らの俺俺ロジックは、ロジック破綻してるがゆえに効果はバツグンです。よくよーく聞いていれば「俺は悪くない」「答えたくない質問には答えない」「話し合いはしない」しか言ってないんですが、とにかくあらゆる**エセロジック言霊**を使ってかく乱してくるため、本筋からずれたところで悩む子が続出。

よく女性陣は「普段はとても優しいし……」「仕事ではちゃんと論理的だし……」などと言いますが、話し合いの時にぶちまけたほうが本性です。男性に限らず、人間は怒った時やストレスがかかった時に本性が現れるものです。間違えちゃダメ！

破綻期

自称ロジカル男との関係が破綻するのは、「相手の浮気」か「結婚」問題であることが多いです。ケース例を見てもわかる通り、自称ロジカル男がトンデモ論理をぶち上げるのは、自分にとって都合の悪い話が出た時です。トンデモ論理で殴られた時、自称ロジカル男と付き合っている女性が取る道は2つ。

・逆ギレにドン引きして別れる
・「自分が悪いのかな……」と思って相手に従い、関係を続ける

「どうしても結婚したい」「彼を逃すと次がない」という女性は後者の道を選びがち。

「自分なんか頭も悪いし……」という人も、別れずに関係をずるずる続けます。続ける道を選ぶと、彼の言う「**俺が考える最強のロジック**」に染まらざるをえず、自分の心を殺し、彼が逆ギレしないよう脅えるようになります。

こんな高負荷な関係はそう続けられるものではなく、結局は関係が破綻します。圧倒的ストレスにより体調やメンタルヘルスを崩して関係破綻、自称ロジカル男が浮気をして「私はこんなに我慢してるのに！」と爆発して「その言い方はなんだ！」と逆ギレされて関係破綻、などが王道のようです。「**女は感情的」なんて言ってくる男は総じて論理的じゃない**ので、彼らのロジックツリーを燃やしてロジック神を召喚し、ロジック村に平和を取り戻すんだ！

「好きじゃなきゃ一緒にいないよ」

せふれ-ぼくじょう-けいえい-しゃ
〖sefure bokujou keiei sha〗

セフレ牧場経営者

セフレ牧場経営者は、女性が好む「お迫りルーティーン」を並行処理することにより、本命彼女を作らずに複数のセフレをゲット&キープする男です。シンプルな言霊でいえばヤリチンです。口にした瞬間に呪いが発動されるトラップワード「彼氏みたいな人はいるんだけど……」の相手役として不動のナンバーワンポジションを築いているのが、セフレ牧場経営者。彼らのLINEの通知欄は90%以上が女の名前、LINEで「好き」「会いたい」という言葉を検索すれば大量のスレが上がってきます。「お前よく刺されないよなー」と言われることが、彼らにとっての勲章です。彼らがなぜそんなに複数の女性をキープできるかと言えば、魅力的だからでもイケメンだからでもハイスペだからでもなく、マーケティングが正確だから。安定した牧場経営にはブリーディングの知識が重要です。飼う羊女子がいなくなれば牧場経営が困難になるため、彼らは多くの羊をストレスフリーで飼育するためのコツを熟知しています。 羊たちのへのエサは「好きだよ」「会いたい」「一緒にいると落ち着く」などのラブ言霊と、ちょっと強引に迫る少女マンガ的S態度です。適度にエサを与え、羊たちが鉢合わせにならないよう細心の注意を払いながら、自分の広大な牧場の柵の中で、何人もの女子を飼って自分のファームを育てます。すごく雑にまとめると「乙女妄想が強く褒められ慣れてない恋愛初心者」に「壁ドン」「顎クイ」し「かわいいbot」化すれば、牧場経営者が爆誕します。

ハマるターゲット層

- 若い。あるいは恋愛がご無沙汰
- 男の人に構ってほしい、甘えたい
- つまらない人は嫌い、おもしろい人が好き
- 「男に強引に迫られるシチュ」を求めている

ターゲット層へのアプローチ

- 連絡を超マメにする
- 「かわいい」「会いたい」など褒め言葉を乱舞させる
- ボディタッチ、エスコート、壁ドンする
- どんなにつまらない話でも否定せずに聞いてあげる
- 友達に紹介、一緒に旅行など「本命感」を見せる

ないけど、たいてい連絡がまた来るし、連絡したらデートするし、元通りになるよ」

ぱ「出たよメルマガbot連絡！　それに引っかかる女子も目を覚ませ！」

「女の子と俺の気持ちのタイミングが合わなくて、付き合わないけど一緒にいる、みたいな関係ができちゃうんだよね」

ぱ「同時期に他の子とも同じことしてるのはなんで?」

「他の日に別の人と会って、同じようになっただけというか……。別に付き合ってて二股かけてるわけでもないし、皆と楽しく過ごせればいいかな、くらいの軽い気持ち。ローテーションを回すってのともちょっと違うかなー。会いたいって連絡した時に連絡ついた子に会ってる感じ」

ぱ「そんなにたくさんの人と連絡を取ったり会ったり、疲れないの？　私、引きこもり精神だから無理なんだけど」

「むしろいろいろな人がいて新鮮だよー」

ぱ「あと、旅行に行ったり、実家に連れていったり、友人と会わせたり、一般的に言われる『本命っぽいこと』も積極的にするけど、それで誤解を招くとは考えない?」

「楽しいことは一緒にしたくない？　一緒に遊んで楽しく過ごしてくれそうな子だったら友達にも会わせたいなと思うことは、俺の中で別に特別なことじゃないし。あーでも、俺の友達と仲良くなれるかどうかテストしてる、みたいなところはある。付き合うことになったら、友達と一緒にいること多くなるしね。本命だと勘違いするかどうか、いちいち確認しないかな。本命かどうか気になるなら、俺が誘った時に聞けばよくない？　でも聞かれたことないから、そんなに気にしているなんて思わないな」

ぱ「そんなことないですけどね……。男同士で誰とやったかとか情報交換してるでしょ」

「それはね(笑)。でも酔った時の男だけの無礼講みたいなもんだよー」

ぱ「ふーん。君の周りも女の子をとっかえひっかえしてるけど、結婚する気あるの?」

「あるよ！　子供がほしいから、結婚は絶対したい！」

ぱ「あらそう。あとヤリチンって『付き合って』って言われたあとに答えなかったりするでしょ？　なんで?」

「いきなり詰め寄られてもなって感じ。相手は感情的だし、結論を迫られて出す話でもないと思うし。ぶっちゃけ答えてないつもりもないんだよねー」


裏を読んで読んで読みまくって占いに走る女サイドと、ふわふわーフィーリングーオッケーな男サイド両方を眺めて、この海底2万マイルの溝は永遠に埋まることはなさそうだなと思いました。

インタビュー

大手広告会社のマーケティング。

常時15並列のパラレル処理で女を口説きまくる。

みんなのこと好きだよ？
ひとりだけにしようとは思わないけど

ぱぶりこ(以下：ぱ)「ところで、なんでそんなにモテるの？」

「いやいや、俺そんなモテないから。彼女ずっといないしねー」

ぱ「いない？ 作らないの間違いではなく？ 日本語は正しく使っていただきたい気持ち」

「あーまあ、仕事が踏ん張り時だから、彼女はいらないなー。でもいい子がいたら付き合うよ」

ぱ「なにそのアイマイ設定！ なんでヤリチンは『仕事か恋人か』って前提で話すの？ 両立できる概念では？？？」

「彼女には彼女が望むことをちゃんとしてあげたいんだけど、仕事は仕事として全力で注力するものじゃん？ そうすると彼女の優先順位が下がるから『今は彼女はいらない』ってなる」

ぱ「でもいい子がいたら付き合う、と」

「そりゃ『この人しかいない！』って思ったら必死になるでしょ。仕事でも恋愛でもタイミングは重要」

ぱ「でも、彼女にならなかった子たちともずるずる続けてるよね。野生になぜ返さないの？」

「声をかける時はいつも本気なんだよね。わざわざ嘘ついて『かわいい』『好き』とか言わないよ。もちろん性欲はあるけど、セックスのためだけに褒めたり気を遣うわけじゃないし。もっと知っていくなかで『この子だな』って思う可能性もあるし。俺、フィーリングタイプだから、口説く子とは付き合いたいなって思ってるし、彼女たちにも言うよ？ だけど『今日会ったばっかりなのに』『いつもそういうことを言ってるんでしょ』って本気にできないって断られるんだよね。で、デートしたり一緒にいるうちに『なんで付き合ってくれないの？』と言われるんだけど、いやいや最初に断ったのそっちじゃん？ ってなる。その時は『今のままの関係で良くない？』って言っちゃうんだよね」

ぱ「『今のままの関係で良くない？』って言われても私だったら10000％イヤなんですが、彼女たちはどう答えるの？『付き合わないとやだ！』とかならないのかな」

「やだって言われたらしかた↗

合コンやパーティー、バーベキューなどによく出没します。さわやかで高収入、話の盛り上げ方がうまく、おもてなし上手。初対面の印象はとにかくサイコーに良いです。あっという間にLINEを交換し、次の日からは「今度、一緒に遊びに行こう」と流れるようなデートのお誘い。「この出会い、当たりでは?」と女性サイドが胸をときめかせても、勘違いです。牧場経営者の行動パターンは、いわゆる「普通のお付き合い」とは一線を画します。

牧場経営者はとにかく羊女子への連絡がマメです。LINEは常に通知が100以上たまっていて、絶妙なタイミングで「元気?」「会いたい」「眠いー」「ようやく仕事が終わった」「かわいい」などと送ってきます。女性陣は「忙しい合間を縫って私に連絡してくれた!」「また声かけてくれた! 彼も私のことを思ってくれてたのかな?」と期待しますが、勘違いです(2回目)。裏では、同時並行で十数人の女たちと同じやりとりをしています。

そして「嫌がられない強引さ」のさじ加減が絶妙です。「ちょっと強引に迫られたい」と夢見る乙女心を熟知しており、とにかくちょっとでも「イイネ！」と思ったらFacebookのボタンを押す気軽さで口説きにかかります。触ります。頭をなでます。腰に手を回します。その場に人がいようが友達がいようがお構いなし。彼らの半径1メートルは日本ではありません。

さらに扱いも「本命彼女感」が満載です。一緒に旅行に行く、実家に泊める、友人たちに紹介して一緒に遊ぶ、週1で土日に会うのは当たり前。よく女性たちから「友人に会わせてくれるから、本命なのかな……？」という相談を受けますが、勘違いです（3回目）。なぜなら遊び人は遊び人同士でつるむから。彼らとその愉快な仲間たちはだいたい「どうやってコストをかけずに女の子を持ち帰るか」「コスパが良く、女子ウケのいい店はどこか」などシェアしてるチン意識高い系です。みんなの集まりに「グレーな女の子」を連れてくることは日常茶飯事なので、誰も言及しません、気にしません。

牧場経営者は、羊女子のどんなつまらない話や愚《ぐ》痴《ち》、弱音でも、否定も意見もせずに聞いてあげます。会社の愚痴を聞いてほしいだけなのに「そういう上司にはこういうことを言えばいいよ」とアドバイスをしたり、「俺も昔あったよ。その時はさ……」と自分語りをする男性にうんざりしている子たちは、「話を聞いてくれる男性って素敵！」「私、彼の前だとなんでも話せる」と思いがちですが、勘違いです（4回目）。彼らは「傾聴能力が高い」のではなく**「ほぼなにも聞いておらず自動応答」してるだけ。**相手を尊重して自分の意見を言わないのではなく、自分の意見がない、

どうでもいいから言わないだけ。

牧場経営者はこのように、「私、愛されてる？」「これだけコストをかけてくれるんだから、私は本命だよね？」「こんな素晴らしい口説き文句をもらえる私はきっと特別な存在なのだと感じました」と女性に勘違いさせるスキルが異様に発達しています。そのため、「私、付き合えるかも？」と思ってベッドになだれ込む女性が続出。

ですが女性陣の期待に反して、牧場経営者の目的は「セフレ牧場に入る羊女子を落とす」ただ1点であり、かける精神コストはほぼゼロベース。**同じ内容を10人に爆撃し、同じ会話をこなし、同じ店に連れていき、同じ口説き文句とボディタッチを使い、同じホテルへ連れ込みます。**実績のある手順書通りにこなしているので、脳はスリープモード。心が込もってない行為をなるべく多くの人間に行うことは、並大抵の神経では続けられないからです。

彼らの動機別に見ると、主に3つのタイプがいます。

・「落とした女の数が増えれば自分の価値も上がる」「男の友人にす

ごいって言われたい」という、女よりも男の評価に興味があるホモソーシャル志向

・過去に女に幻滅して以来すべての女はどうでもいいし、憎んでいるけど性欲はある、**女体好きの女嫌い**

・自分の意見やこだわりがなく、**とりあえず自分の暇を埋めてくれるならなんでもいい、刹那《せつな》主義**

女性陣が夢見る「壁ドンのロマン」の中身は、このような阿鼻叫喚の様相を呈しております。恐ろしい！

付き合い期

さて、体の関係を持ったら次はお付き合い……とはなりません。デートします、旅行に行きます、かわいい好きだよメルマガが届きます。でも「付き合って」の一言だけがありません。

いつか告白されるものとばかり思っていた子たちは、疑問を持つようになります。「付き合ってと言われてないけど、私は彼女だよね……?」「今はグレーな関係だけどいつか本命彼女になれるかも……?」と不安に駆られた女性陣は、「土日はいつも一緒にい

るし」「友達と会わせてくれたし」「貴重な夏休みを使って一緒に旅行に行くし」「クリスマスディナーに誘ってくれたし」「誕生日に高価なプレゼントをくれたし」と、彼らの行動から「自分は本命」という証拠を探し出そうとします。

もちろん、はっきりと経営者に申し立てをする羊女子もいます。「で、私は彼女なの？違うの？」と確信に迫るわけですが、そうすると**おやおや突然の未読スルー。**1週間後、「ごめんね、急な出張が入って連絡できなかった。ごはんに行こうか？」なんて何事もなく連絡が入ったりします。決死の覚悟で「もうこんな関係はイヤだから会わない」と言ってみても「会えないっていうこと？」という秘技☆論点ずらしを発動。そうだって言ってんだろ！と穴という穴に角笛をつっこみたくなりますが、放置していたらまた何事もなかったかのように**「元気？」「会いたい」というメルマガ**が届き出します。ここで「彼氏がいないし、暇だから……」と誘いに乗ろうものなら、**お姫様扱い&好き好き&壁ドンコンボを決められて、あら元通り。**これが牧場経営者お得意の「**都合が悪くなると沈黙&リセット&リトライ」技**です。彼らは嘘はつきません。バレるからね。黙って質問には答えず壁ドンしてセックスになだれ込むことが最も良いと知っています。

羊女子は牧場経営者に主導権を握られたまま、ずるずるとグレーな関係を続けます。セフレ関係は、男女両方が「自分はセフレのポジションを自ら選び、やめたい時にやめられる」と主体的に楽しんでいるならなんの問題もありません。しかし**牧場経営者と羊女子の関係は「ロマンや期待というエサを与えてセックスと恋心を搾取《さくしゅ》する主従関係」です。**羊になる女子は「セフレが欲しい！」というタイプではなく、「迫られちゃった」「押し切られた」という受け身タイプばかり。つまり、彼女たちの多くは望んで「セフレ」ポジションにいるわけではありません。

もうこんな状態はやめようと思って別の男を探そうとしても、あれほどまでにロマンを提供してくれ、お姫様扱いをしてくれる男はそうそうおらず、「物足りない、やっぱりあの人がいい」と牧草地帯に戻ってきてしまいます。

破綻期

牧場経営者は羊に彼女オファーを出すことはないので、どこで見切るかは女側の判断によります。「もう無理！」ときっぱりすっぱり縁切りする子もいれば、「もしかしたら付き合えるかも」と期待し続ける子、「彼みたいなお姫様扱いする人が他にいないかな」と探すもなかなか見つからずにずるずる続ける子、「年齢が年齢だし婚活しなきゃ！」と目が覚めて縁切りする子、「別れを切り出したら追ってくるかも？」と期待して別れを切り出す子まで、さまざま。

牧場経営者は連絡が取れなくなった子にもしばらく「会いたい」メルマガを続けますが、レスがないと自然消滅します。１００匹の羊を飼う羊飼いが1匹を見失ったら、残り99匹を置いて探しに出かけるものだと昔の偉い人は言ったけれど、21世紀の羊飼いはＬＩＮＥの返事で忙しいので、去った1匹を追う暇などございません。

もし牧場経営者とうっかり関係を持ってしまったら、「自分は望んでこのポジションにいるのか？」を考え、そうでないなら四足歩行の羊から人間にトランスフォームして、柵から二足歩行で出ていきましょう。

「やらないの？ やりたいよね！
やるでしょ！ やればいいよ！ やろうよ！」

スタンプラリー男

すたんぷ-らりー-おとこ
〖sutanpu rari- otoko〗

スタンプラリー男は、質よりも量！ さらなる量！ 一心不乱の量！ を追い求めるヤリチンです。「ヤらないの？ ヤりたいよね！ ヤるでしょ！ ヤればいいよ！ ヤろうよ！」五段活用を駆使して、新規の女性とセックスすることに情熱を燃やします。次々と女性と体の関係を持ち、行為が終わったらハイ終了！ 解散！ 一切の連絡を絶ち、次のハントへと出かけます。彼らにとっては「新しい女性とする」ことが快感を味わう頂点なので、それ以外のことに割くリソースはありません。セックスしたら「よくヤりました」スタンプを押してコレクション終了。見返すことはありません。徹底した効率重視で、DDDD（ヤるスるイくヌく）サイクルをぶん回します。脱童貞は胎児の頃に終わらせており、初恋の頃に100人斬りを済ませ、200、300、1000と数を重ねていきます。自己記録を塗り替えることに執念を燃やす性欲アスリートなので、時間・金銭コストを最小に抑えるべく、チーターのような最速コースで短期決戦を狙います。ただし持久力は皆無。人間関係の構築を放棄しているスタンプラリー男ですが、初対面コミュニケーション値が異常に高く、短期決戦特化型らしく「褒める、口説く、持ち上げる、触る」能力がズバ抜けているため、束の間の夢を見て陥落する女子が多発します。

ハマるターゲット層

- クラブやフェスなどのイベントが大好き
- 彼氏や婚約者に不満を抱えている
- 自分や日常を「つまらない」と感じている
- 退屈から救ってくれる「イベント・男」を求めている

ターゲット層へのアプローチ

- 触る！ 褒める！ 口説く！
- 壁ドン！ 顎クイ！ 押し倒し！
- 「退屈でしょ？ 楽しもうよ」とオファーする
- 「つまらないよ、退屈なんて」とささやく出して！ 入れる！ て感じ」

ぱ「全国のKPIに謝れ。ゲーム、ゲームかあ……そのゲームはなにが楽しいのかな？」

「いやー、地方なんてマジでやることがないんだよ。同期とか先輩とかいるし、遊べるところがあるだけマシだけどさ。むしろ中途半端に遊べるのが悪かったのかも。東京と比べたら娯楽の種類が少ないから、先輩や同期と、一晩で何人ゲットできるかゲームとか、アシストし合って狙った子を確実に落とすゲームとか、そーゆー遊びをめっちゃしてたんだよね。我ながらゲスいと思うけど、男同士で情報を共有して『あの子とヤった』『その子ともヤった』ってワイワイ話して、釣り堀りでの回遊魚狩りが加速した。東京に帰れば彼女たちとは接点なくなるしさ」

ぱ「地方勤務になってから始めたって言ってたけど、地方勤務って関係あるのそれ」

「どーだろ、地方は東京よりかなりイージーだったから、味をしめたのはあるかも。『東京からきました！ 大企業で働いています！』カードのチートぶりがすごくてさー。とにかく娯楽が少なくて暇なのと、あとは男友達とハンティングの戦略を練って実行するのが楽しくなったからハマった」

ぱ「ヤるのより男同士の品評会が楽しいって感じなの？ なにその地獄のホモソーシャル」

「いやー男って下ネタを語って仲良くなるところがあるじゃん。一緒に遊ぶ友達は東京よりずっと少ないから『ヤロー同士で楽しむ』ために女の子を使ってる感じは確かに強化された」

ぱ「素朴な疑問なんだけど、キャバクラとか風俗とかじゃダメなの？」

「いやいや、わざわざお金を払うなんてマジで意味がわかんないし、高揚感がナイ。釣り堀に金を払って釣りして楽しいですか？ って話よ。男なら大自然の中でハント一択」

ぱ「ネイチャー……？ ネイチャーなの？ グランドキャニオンで全裸で疾走する感じ？ で、東京に帰ってきてもまだ続いてると」

「そうそう。別に彼女いらないし、だったら新規でどこまで行けるか試したい。地方より東京のほうが母数が多いから、俺にとっては最高のブルーオーシャンだよ」

ぱ「なんていうか、女の子と出会う場に行くアクティブさがすごい」

「『出会いに行く』という感覚は無だよね。出会いなんて道に落ちてるじゃん。信号機みたいなもんだよ。歩いてりゃ当たる。ナンパ、クラブ、ワンチャン狙いの合コン、友達主催のイベントとか山ほどあるし、マジ楽勝だよ。若い子は超イージーモード。で、ちょっと若いのに飽きたら人妻。不満を抱えてる人妻ってすぐ落ちるよね。万有引力マジ感謝」

ぱ「全国のニュートンに謝れ。引力が効かない宇宙空間に放り込みたい」

「火星のコロニーに送ってくれたら同じことできそうじゃん！ 超イージーモードでいけそう。よろしくー」


クマムシ並みのしぶとさに完敗しました。

インタビュー

大手メーカーの営業。

地方支社で働いた後、東京に帰ってきた。

ぱぷりこ(以下：ぱ)「久しぶりー今って彼女いるんだっけ? 前の彼女とはまだ続いてるの?」

「思い出せないぐらい昔に別れたよ。今は彼女いないというか、いらない。面倒だし。仕事が楽しいし」

ぱ「彼女がいないっていってもなにかしらはいるんでしょ?」

「まぁね。最近もうセフレすら面倒で、新規一択の即解散方式を採用してる」

ぱ「え、なにそれ。完全に1回こっきりってこと?」

「そっそー。もう、連絡とったり、飲みに行ったり、ケアしたりとか、すべてが面倒。既存メンテも面倒。今のところ結婚は考えてないし、性欲処理できればいいし、あとくされがないことが一番優先順位が高いんだよね。あと単純に新規をどれだけ早く落とせるか、ゲーム感覚になってて、ちょっとしたお○○こスタンプラリー状態だよ」

ぱ「公共の場だぞ! さすがに伏せろ! 私の品格が疑われる! 完全新規オンリーってちょっと意味がわからないんですけど、もう少し詳しく」

「適当にクラブとかイベントとかに繰り出して、女の子ナンパして持ち帰りでヤって終わり。連絡先も交換しなくていい。口説く段階はとりあえずLINE交換くらいするけど、ヤって終わったら即ブロック。今後は会わないし」

ぱ「え、めちゃくちゃ美人とか、超好みど真ん中でも? この子とまた会いたいというパッションはないわけ?」

「ない。今はそういうゲームじゃないんだよね。『サーチ、エンカウント、キャッチ、リリース』サイクルを高速でぶん回したい。俺のゴール設定は『彼女を作る』じゃなくて『新規とヤる』で、KPIは各フェーズのリードタイムをどれだけ短くするか。作業作業、回転率と稼働率重視。目標をセンターに入れてスイッチ、↗

不満を抱えてる人妻ってすぐ落ちるよね

「今は彼女いないよー。そんな気分じゃないっていうか。でもいい出会いがあれば考えるよ」という言霊を呼吸のたびに吐きながら、出会いの場に現れます。「新規とセックス」が目的なので、有料お見合いや紹介、社内などといった「責任」が生じる場所ではなく、ナンパやクラブ、イベント、合コン、パーティーといった雑多な場所を好みます。真剣交際などお呼びでないため、「会える！ヤれる！身元不明！」くらいの場所が都合が良いからです。

手間とコストをかけずにセックスを手に入れたいため、アルコールがある場所を好みます。お酒を飲んだ男女はともにセックスへのハードルが低くなることを、彼らはよく心得ています。同じタイプの人間でつるみ、趣味と実益を兼ねてイベントを主催する人も多いため、彼らが主

催するパーティーは必然的にスタンプラリー男が百鬼夜行する地獄谷となります。

彼らにとって、経験人数を増やすことは、ひとりでやっても皆でやっても楽しいゲームです。**ひとりゲットするたびにテッテレー☆**というレベルアップ音が脳内に鳴り響いて、脳内麻薬がドバドバ出ます。「人数を増やすことで達成感を得たい」「自信を持ちたい」「何かを埋めたい」というややこしい事情はなく、**「どこまでいけるの⁉ 俺⁉」という刺激中毒**なので、深い意味はありません。「短期で落とす」ことにパラメータを全振りしているため、その期間中は非常に高いクオリティーのサービスを提供するところもポイントです。継続性を端から捨てているため、瞬間高出力のパワー型で一点突破を狙います。

スタンプラリー男が狙うのは、**「若くて経験則がない女性」**と**「すでに相手がいる女性」**です。彼らはパートナーシップを求めておらず、**「声をかけてからインサートする」までのタイムをいかに短くするか**を競っているので、とにかくすぐ落ちてくれそうな相手のみにターゲットを絞ります。若い子は経験がないゆえに判断力が甘く、年上だというだけでうまく丸め込めます。彼らが展開する白湯《さゆ》のような「社会人論」を「すごーい！」と信じてくれて、好奇心ドリブンで危ないことやおもしろそうなことに飛び込む若い子は大切なお得意様です。

すでに相手がいる女性を狙うのは、**自分に本気にならない**とわかっているから。そして悩みを聞いて共感を示すだけで落ちる確率が高いからです。「毎日パスタばかりだと疲れる、たまには和食」感覚でターゲットをスイッチします。前者が小口だが確実に取れる新規だとすれば、後者は大口の太い客といったところです。

女たちは、スタンプラリー男の「かわいいね」「素敵だね」「今日の出会いに感謝」「男をたぶらかしてるんでしょ」「こんないい女と出会うなんてラッキーだな」という口説き文句のじゅうたん爆撃に対して、「チャラい」「私、そんなに軽くない」「いつもこんなことしてるんでしょ」「彼氏がいるから無理」「結婚してるから」といった具合に防衛ラインを築きますが、そんなことは彼らの想定の範囲内。急に声のトーンを変えて「そんなことないよ……」と腰に手を回し、耳元で魔法のラブ言霊「いつもはこうじゃないんだけど……君が魅力的で」を繰り出します。

ここまでくれば落ちたも同然ですが、最後の仕上げとして、若い子には「若いうちから守りに入ってどうするの？　楽しまなきゃ損でしょ！」「今しかできないから！　勢いは大事だよ！」と全力で煽り、パートナー持ちには「たまには型を外して楽しもうよ。普段のことは忘れよう？」「いつも頑張ってるんだから、肩の力抜くのも大事だよ……」と甘くささやきます。人の心の弱く柔らかい部分を的確に打ち抜く技術には、思わず感嘆の声が漏れます。

女性陣はスタンプラリー男に秘孔を突かれ、「まぁいいかな」「ありなのかな」という期待と不安を胸に秘めながら、彼らの胸に飛び込みます。

付き合い期　破綻期

なし！

こっちもなし！　**入れて、出して、終わり！　解散！**　なので、「ちょっと素敵だったかも」と連絡をとってみても未読の嵐。即ブロックが決まっています。お疲れさまでした。

良くも悪くもとても潔いタイプで、深い関係などまったく求めていないことを全身で表現し、「真剣交際を匂わせる」「付き合うと嘘を言ってヤる」といった偽装もしません。まっすぐに「今が楽しければいいじゃん」というふわっふわの軽さでスタンプを押し続けるので、性病リスクさえコントロールできればワンナイト火遊びで終わります。よくイれました、よくヤれました、来世でまた会いましょう。

解散

「君の前だと、素直に気持ちを
話せるよ。なんでかな？」

トラウマ吟遊詩人

とらうま-ぎんゆう-しじん
〘torauma ginyuu-shijin〙

トラウマ吟遊詩人は、過去のつらい恋愛経験を語ることで女心をくすぐり、複数の女たちと体の関係を持つ男です。「付き合えない理由を提示して体の関係のみを持つ」という点ではセフレ牧場経営者やスタンプラリー男と同じヤリチンの一種ですが、トラウマ吟遊詩人は「トラウマ吟遊＝己の身に起きた悲劇の物語を語る」技を繰り出す点で、他のヤリチン勢とは一線を画します。吟遊詩人と言えば中世ヨーロッパで栄えた幻の職業、ゲームに出てくるHPが低いキャラクター（役立たず）というイメージがあるかもしれませんが、21世紀の恋愛魔窟にも立派に存在します。彼らは「悲劇の物語」がいかに人の心を打つかを熟知しています。「君とは付き合いたくないけどセックスだけしたい」という全角22文字のメッセージを、「第1章　邂逅《かいこう》〜かくも悲劇的で甘い運命の再会〜」「第2章　恍惚《こうこつ》〜時よ止まれ、彼女は美しい〜」「第3章　絶頂〜もう戻れない不可逆の幸福〜」「第4章　不審〜嫉妬、この緑色の目をした化け物〜」「第5章　断絶〜彼女という永遠の空白〜」「第6章　茫然《ぼうぜん》〜僕はどうしてこんなところに〜」という全6章1クール分の壮大な物語で吟じ、聞き手の心をわしづかみ。自分語りだけではなく「俺、なんか君の前だと話せちゃうな」「どうしよう、今ひとりになりたくない」といった乙女ゲーばりのキュンキュン☆メイキングにもぬかりがありません。

ハマるターゲット層

- **恋愛経験が豊富ゆえ、苦い記憶がある**
- **気が強くタフで、女の子扱いされ慣れてない**
- **頼られやすく、面倒見がいい**
- **映画や漫画などに共感しやすい**
- **一途もの、片思いものの恋愛、BLが大好き**

ターゲット層へのアプローチ

- **つらい恋愛話をとうとうと話す**
- **弱いところを見せる。泣いたりする**
- **「君の前だと安心する」と母性本能をくすぐる**
- **甘えながらのボディタッチ**

何も言えなくなっちゃって。彼とは付き合いたいし、そのつもりで家に行ったんだけど、つらい経験をしてる彼にこれ以上『付き合って』なんて言えなくなっちゃって。それに、『セックスしたら付き合うものだ』っていう考えは思い込みだったかもなって。海外だともっと多様なパートナーシップがあるし、付き合うって形をとらなくても、彼が落ち着く形で一緒にいられたらいいか。彼は、私と一緒にいると落ち着く、自分を傷つけた彼女とは全然違うって言ってくれたし」

ぱ「エモい……エモすぎて左手がうずき出すんだけど……。うーん、人のトラウマや痛みについてあれこれ言うつもりはないけど、つまり彼の望みは『セックスはしたいけど付き合いたくない』ってことだよね？ それで納得してるならいいけど、そこんところどーなの」

「好きだから一緒にいたい。彼を支えたい。ゆくゆくは付き合いたいけど、すぐには無理なら、私が隣にいて彼の痛みを癒してあげられたらって思う。泣き出すぐらいつらい話をしてくれたってことは、私に心を許してくれてるってことだと思うし、私も昔に元彼に振られてすごく引きずった経験があるから、他人事だと思えないんだよね。だから今度は、私が彼の助けになれたらなって」

ぱ「そうかー、そこまで心を決めてるんなら、そういう形もありかもね。今までの彼氏とはまた違う感じだね」

数か月後。

「ちょっと聞いてよ！ 彼、私の女友達に手を出しまくってたんだけど！ しかも同じ話を皆にしてるの！ で、全員の前で号泣してトラウマ話をしてるの！ そっこー切った！！！ ふざけんなあの号泣男！！！」

この時、「深い仲でもない人に、息を吸うように過去のトラウマ話をする人間は男女問わずやばい」という、新しい妖怪センサーが爆誕しました。

大手広告会社の制作局。
男女ともに友人が多く、彼氏が途切れない。

インタビュー

彼、セックスした後に『ごめん』って号泣してた

「好きな人できたって言ったじゃん？　デートしたあとに彼の家に泊まったんだけど」

ぱぷりこ（以下：ぱ）「お、あの彼かー！　おめでたい話？　ワインもう１本いっちゃう？　いっちゃう？」

「『A子のそばにいるとすごく落ち着くけど、今は付き合えない』って言われた」

ぱ「ごふっ。せ、僭越《せんえつ》ながら理由をうかがってもよろしいですか？『今は』って、いつからいつまで？　グレゴリオ暦で教えてほしい。マヤ歴は禁止」

「そこらへん、聞けなかったんだよね……」

ぱ「え、めずらしいじゃん。いつも言いたいことははっきり言うし、聞きたいことはズッパズッパ聞くのに」

「彼、昔にすごい好きな彼女がいたんだって。その彼女は彼の前に付き合っていたDV男のことをずっと好きで情緒不安定になって、さみしくて自傷しちゃうから誰でもいいから彼と付き合ったらしくて。彼は彼女のことをめいっぱい愛して、ひどいDV男のことを忘れさせてやるって思って尽くして尽くしたらしい。でも結局、彼の思いは届かなくて、彼女はそのDV男と浮気して、彼はあっさり捨てられたんだって。家に帰ったら、DV男と彼女がセックス真っ最中だったのを見た時から、女という生き物が信じられなくなって、誰とも付き合えなくなったんだって」

ぱ「えー、どうぞ続けて。すみませんワインもう１本追加で。ちょっと話が重いんで、重めの赤で」

「彼、セックスした後に『ごめん』って言って号泣してたんだよ。私、もう↗

合コンや飲み会、共通の友人主催のパーティーで出会うことが多いです。女性陣の第一印象は「え、なんで彼女がいないの?」。そこそこイケメン、爽やか、スポーツマン、年収は平均以上、デブでもない、チビでもない、ぱっと見は「マイナス点が見つからない」。でも本人いわく「もうしばらく彼女がいない」。

おやおやなんかあるのでは? ってことで、女性陣はリサーチを開始します。「女性との出会いがないの?」「なんで彼女が長くいないの?」という問いが来たら、さあさあ**トラウマ吟遊詩人の内なるホメロスがお出ましだ!**

よくぞ聞いてくれましたとばかりに、過去の

恋愛でつらい思いをしたこと、悲しい物語を語り出します。テンプレはこんな感じ。

「女性との出会いがないわけじゃないんだけど、前の彼女でつらい思いをしてから、恋愛とか付き合うってことに消極的になっちゃってね……」

「でもいい加減、このままじゃいけないと思って、こういうところに来てみてるんだ。前を向かないとな、って」

「いきなり重い話をしちゃってごめんね。でもなんか、○○ちゃんの前だと話せちゃうから不思議だな」

ホメロスがトロイ陥落の悲劇を語ると人々が涙を禁じえなかったように、彼らは自分の恋愛という悲劇を叙情感たっぷりに語ります。

ただでさえ「一途もの」「片思い」「純愛」は女たちの大好物なのに、彼らはさらに「自分の弱みをさらけ出す」「適度に甘えて君だけが特別だよ感を出す」を繰り出して、

女性のキュンキュン秘孔を的確に突いてきます。

特に、自分も過去につらい恋愛を経験している子、共感能力が高い子ほど「彼の傷、私もわか

る。女につけられた傷を私が癒やしたい！」と「彼を救ってあげたい」「彼の女神になりたい」という思いがフルスロットル噴射！

ですが、これらはトラウマ吟遊詩人の戦略です。トラウマ吟遊詩人は自分の失恋話が女性の心をとらえることをよく知っているし、彼女たちが「あなたを救いたい」と思うことだって百も承知です。トラウマ話も嘘ではありません。が、「君の前でだけ話してしまう」「弱みを見せてしまう」という話を何十人、何百人に語り継いでいます。

これは声を大にして言いたいのですが、初対面かそのレベルの浅い関係で、いきなり自分の重い話をする人間は、男女を問わず地雷です。なぜなら、そういう人はだいたい次のどちらかだから。

・人との距離感、適切なコミュニケーション範囲を理解しておらず、ちょっとでも心を開くとものすごく寄りかかってくる子泣き爺《じじい》タイプ

・トラウマ語りをすることによって人の心をつかみ、自分の望みを叶えようとする演技屋タイプ

付き合い期

トラウマ吟遊詩人は後者で「彼女といった面倒くさい関係に縛られず、何の責任も取らずにセックスしたい」が本音です。

一度セックスをしてしまえば、あとは他のヤリチンと同じです。セフレ牧場経営者は「お姫様扱い」「いつか付き合えるかも」という夢を与えて、セックスを得ます。トラウマ吟遊詩人は「彼を救って彼の特別な女神になりたい」「いつか彼の傷が癒えるかも」という夢を与えて、セックスを得ます。どちらも**ロマンを与える対価としてセックスをして付き合わない、**という構造です。供物《くもつ》が女体とか、古代の神殿っぽい。

事前に「女が信用できない」「女が怖い」といったトラウマを話しておき、「なんで付き合ってくれないの？」と女性が詰め寄る要素をつぶしているあたりが用意周到です。「付き合って」と言われても「**俺のこと、理解してくれなかったんだね。すごく好きだったのに、君も同じなんだね……**」とでも言えばそれ以上の質問はシャットアウト！　トラウマ言霊、便利すぎ。

最初から体の関係、とお互い割り切っていればなにも問題ないのですが、トラウマ吟遊詩人は「今はトラウマのせいで付き合えない（けれど、これから傷が癒えれば付き合うかも）」「君といるととても癒やされる（君の力でトラウマが癒えたら付き合うかも）」という「いつか……きっと」という希望のスペルを唱えるため、彼らとセックスする女たちは「付き合えるかも」という期待と「癒やさなきゃ」という献身から、体だけの関係を続けがち。


「付き合えなくてもいいの、彼を癒やしたい」

「多様な関係をもっと認めてもいいと思う」

「ゆっくりと、彼に私の気持ちが届いてくれれば」

などとロマンス粉飾をしてつらさを封じ込め、尽くします。が！　彼らは別に彼女たちに癒やして欲しいとはまったく思っていません。


一応、彼らもチンプレ（ヤリチンテンプレートの意）に則り「本当に自分を癒やしてくれて愛せる運命の女神」を求めてはいるものの、女神は自分のトラウマ吟遊ルーティーンに引っかかる女では務まらないと思っています。むしろ彼女たちが尽くせば尽くすほど「こんなトラウマ語りに安易に引っかかる女ばっか。女ってバカでつまらない」と「女体好きの女嫌い」を加速させていくのも、他のヤリチンたちと同じ。

破綻期

これらの吟遊ルーティンを出会う女子全員に爆撃しているため、バレた時に総スカンを食らいます。ヤリチン戦法の弱みは、一度やり方がバレたら同じ相手には通じないこと。**「乙女ゲーばりのロマン量産、トラウマ語りはヤリチンの常套《じょうとう》手段」**だと気づいた子たちは、もう同じ手では口説けません。

「自分だけに特別に過去の話をしていたと思ったら、実は合コンで会った子全員にその話をしていて、全員の前で泣いた」なーんてことを知った日には、即日離脱が緊急決議されます。

なかには「でも彼がかわいそう」「私は見捨てない」などと自ら叙事詩に全力で荷担しちゃう子もいますが、彼の叙事詩は俺ストーリー完全版なので編集されません。さらに女神ポジション候補は何十人、何百人もいるので、「私は特別！」と思っても、**女神A〜Zのうちのひとり**にしかすぎないことがほとんど。彼にとって自分はモブにすぎない、と諦《あきら》めるか、ヒロインになるまで粘るかはその人次第ですが、ヒロインに抜擢《ばってき》される確率はめっちゃ低いです。競争率は高いわりに小劇場でのモブ……という骨折り損のくたびれもうけが目に見えるぜ！

no. 06

「俺が大変なことを
わかってくれるのは君だけ。
本当にいい女だな」

恋心の搾取地主

こい-ごころ-の-さくしゅ-じぬし
〘koigokoro no sakushu jinushi〙

恋心の搾取地主は、女性からの好意を得ることで自信のなさを埋め、男としてのプライドを回復しようとする男です。彼らの主食は「自分のことが好きな女の子の存在」「自分へ向けられる好意」。自分が惚れた相手に求めるならなんの問題もないのですが、彼らは「付き合うつもりがない女」からも、恋されていたがります。ロマンティックな演出をして複数名をキープしながら、自分は本命彼女と付き合ったり、遠距離の彼女がいたり、片思い（人妻への報われない片思いを含む）していたりします。ヤリチン勢と異なり、彼らはセックスを求めません。セックスをしてしまえば責任が生まれ、自分が悪者になるリスクが高まるからです。だから彼らは「いかにも恋人扱いはするけれど、セックスはしないし付き合う話もしない」という低リスクの夢の国、ネズミ色ランドにとどまります。搾取地主にハマる小作女子は「自分の意見を言えずにガマンするいい子」タイプ、「男性からアプローチされたり告白されないと恋愛ができない受け身」タイプです。ネズミ色ランドの地主は白黒つけられるのがとても苦手なので、白黒つけられない女子が必然的にターゲットとなります。

ハマるターゲット層

- 恋愛経験が少ない
- 片思い癖がある
- 告白されることを夢見ている
- 自分の意見を言えない
- 努力家、のんびり屋、マイペースと言われる

ターゲット層へのアプローチ

- 資格勉強や仕事に一生懸命でまじめそう
- ロマンティックな演出をする
- 「君を大事にしたい」と言う
- セックスに対してクリーンさを見せる

君は俺にとって妹みたいなものだからさ

インタビュー

Web企業で経理を担当。彼氏はずっといないが、彼氏っぽい人はずっといる。

「4年間ずっと好きだった先輩に、告白してもないのに振られた。もう私、結婚できないんじゃないかな！」

友人の披露宴で久しぶりに会った同級生に「ワッツアップ最近どうよ？」と軽ーく聞いてみたら、予想値を振り切った重ーーーい回答が来たあの時ほど「早くファーストバイトを！ 君と出会った奇跡がこの胸にあふれてるビデオを！ ＡＳＡＰ！」と思った時はありません。

ぱぷりこ（以下：ぱ）「え、先輩？ 先輩ってまさかＪ先輩のこと？ 大学生の頃、すごく仲良くて絶対に付き合ってると言われてたあの先輩？ 告白してもないのに振られたって……そもそも付き合ってなかったの？ まずそこに驚いてるんだけど」

「一度も付き合ってない。セックスもしてない。キスやハグやデートはずっとしてたけど。最近１年は頻度が減ったけど、昔は毎日メールして、週末はデートしてた。就活や仕事でへこんだ時はすぐに電話くれたし、落ち込んでると『そういうところもかわいい』って頭なでてくれたし、『昔に来たところだよ、覚えてる？』と記念日っぽい発言したり、『自分の思い出の場所なんだ。こんな大事なところに来るのはKちゃんだけだよ』って特別感を出されたりしてたから、実際は恋人みたいなものだったと思う。いつか告白されると思って待ってたんだけど、この前『会社の後輩と結婚するからもう会えない』って言われた。もう少し待てば付き合えると思って待ってたら、あっちにはとっくに彼女がいて、婚約までしてたんだよね……」

ぱ「え、えーーーーーーーと、突っ込みどころが多くて追いつかないんだけど、まずなんで待ってたの？ 相手がフリーかどうかすら知らなかったの？？この４年ずっと？」

「昔は知ってたよ。大学生の頃は、先輩に彼女がいた。彼女がものすごくヒステリーで嫉妬深くて、先輩のことを蹴ったり、先輩の顔を踏んだりするヤバい人だったんだよね。先輩はずっと別れたいって言ってたんだけど、下手に刺激すると刃傷沙汰になりかねないから説得するって言ってた。だから先輩が彼女と別れるまで待つことにしたんだよね。結局、号泣しまくる元カノだけじゃなくて彼女の親が『娘を傷物にして慰謝料を請求する！』って出てきたとかで、別れるのに２年かかったらしい」

ぱ「すごいな元カノ……人間の顔と踏み絵の区別がつかないのか……？ 確かにそのヤバさだとそれぐらいかかってもしょうがないかな、とは思うんだけど、なんで別れたと知ったあとに付き合わなかったの？」

「なんだろう、これだけ待ったんだから告白されるものだと思ってた……のかな？ 別れた報告をされた時にてっきり告白されるものだとばかり思ってたから、告白されないまま解散したあとに混乱しちゃって。先輩はもしかしたら記念日まで待つつもりなのかなって思って、ズルズルと待ってた気がする。で、先輩が彼女と別れた半年後ぐらいに、先輩が昇進してものすごく仕事が忙しくなったんだよね。資格も取らなきゃいけないらしくて。しょうがないから、落ち着くまで待とうと思ってた。もうすでに2年待ったんだから、あと1年ぐらい待てると思ってたし、『俺が大変なのわかってくれるのはKちゃんだけだよ、本当にいい女だな。ありがとう。心の支えだよ』って言われたら、待つしかないよなあって……。余裕あるいい女だって思われたかったし、重いって思われたくなかったし、自分から言い出すのが怖かったのもある」

ぱ「ふぁーーーーーー『男が言ういい女＝都合のいい女』っていう宇宙の法則があってですねーーーーーー」

「一応、先輩とあまり会わなくなってから他の男の人とデートもしたんだけど『私には先輩がいるのに』『先輩のことを裏切ってる』『さみしいから穴埋めしようとしてる自己中だ』ってモヤモヤが抜けなくて、全然楽しめなかったんだよね。さみしかったから、先輩に『今、友達と会ってるよ！』って送ったら『なんだデート？』『他にも男いるんじゃないの？』ってくるから、『先輩以上に仲いい人なんていませんよ！』って冗談ぽく返して、『大丈夫、ちゃんと私は先輩の心の中にいる』って安心しようとしてた。裏切っちゃダメだって思ってからは、他の人とのデートもやめて先輩だけに絞ってた。連絡頻度やデートが減ったのは忙しいからだ、資格試験を応援しよう、重くならないようにしようって、連絡を取りたくても取らずにガマンしてたら、まさかの結婚報告ですよ……」

ぱ「ざ、罪悪感の配分がおかしい。なにその不平等条約。先輩、どんなツラして結婚報告なんかできたの……その神経がわからない……」

「さくっとしてたよ……。『伝えたいことがある』ってちょっと言いにくそうにしてたから、とうとう告白？って思った私がバカだった。そしたら『会社の後輩と結婚することにした。だからもう会えない。さみしいけれど、楽しかったよ。そっちもいい相手が見つかるといいね。Kちゃんは俺にとって妹みたいなものだからさ、幸せを祈ってる』って。他にもいろいろ言ってたけど、ショックすぎて覚えてない」

ぱ「出、出たーーーーーー『妹みたいなものだから』テンプレーーーーーー！　本気で妹だと思ってるなら『もう会えない』になるわけないじゃん！　都合が良すぎる！！！」

「ぱぷりこ、オマール海老がすっごい曲がってるよ……。そうだね、そうなんだけど、あの時はただ頭が真っ白になって『そうなんだ、お幸せにね！』って言うだけしかできなくて、なにも言えなかったんだよね。どうすれば良かったのかな……私のなにが悪かったんだろう……」

ぱ「傷ついたならちゃんと怒ればいいんだよ！　ていうか私が怒ってるよ!!　それ二股じゃん!!」

「でもセックスしてないし……私が『付き合ってる人とじゃないとセックスしない』って言ったら、それ以来、スキンシップはするけどその先を無理強いしなくなって。そういうところ誠実だし、私の気持ちを尊重してくれてるなって思ってた。だから私が魅力的じゃなかったのがいけなかったのかな、とか、あの時に期待するような発言したから引かれたのかな、とか、ずっとどうすれば付き合えたんだろうということばかり考えてる」

ぱ「ノン！　ノンマダム！！！　体の関係があれば浮気二股、そうでなければクリーンなんてことはないです！　先輩はあからさまに恋人扱いして期待させるだけさせて、Kちゃんをキープしてたんじゃないか！　心の搾取も立派な搾取！　期待をさせるだけさせて、恋心を吸い取って、自分が結婚確定したらポイ捨てする男を、間違っても誠実とは呼ばん！！！」

怒りのオマール海老解体が最高潮に達したところで、ファーストバイトが始まりました。彼女はその後、先輩夫婦のＦａｃｅｂｏｏｋやＩｎｓｔａｇｒａｍを毎日チェックすることが日課となったようです。つらい。

恋心の搾取地主は遊び人と違い、「イケメン！　年収！　女たらし！　かわいいｂｏｔ！　女の腰に手を回すう！　ふぁーおふぁーお」といった、わかりやすいモテ要素や女慣れした雰囲気がありません。むしろ地味で奥手な印象で、合コンなどで出会った時は「優しそうな人だな」「いい人だな」「どうでもいい人だな」という印象を抱かれるタイプです。ワイルド男やマッチョ男が好きな女性陣は見向きもしませんが、恋愛に奥手な子や控えめな子は、彼らの非チャラ男ぶり、優しくて気遣いしてくれる姿に好意を抱きやすいです。

「俺、あまり女性とこんなに長く話せたことないからうれしいよ」「一緒にいると落ち着く」「そういうとこ、かわいいよね」などのラブ言霊、照れながらのデートへのお誘い、マメなＬＩＮＥのやり取りなど、ときめきとロマンティックを、控えめに、しかしスマートに過不足なく与えてきます。そのため、女性側の恋愛気分はすぐに盛り上がります。

ですが、地主の「控えめで奥手で優しい」姿はもちろん擬態で、心の中には「多くの女の子に好かれたい」という欲望が満ちています。彼らが自分に好意を寄せそうな女性に優しくするのは、「女性からの好意＝男としての自信をつけるためのエネルギー供給源」だから。

彼らは自分の容姿、希望する学歴や仕事につけなかったこと、男友達より低い年収、学生時代に希望するほどモテなかった経験など、「他の男より自分は男として劣っているかもしれない」というコンプレックスを抱えています。ですがプライドが鬼高いため、他人より劣っている自分を許せず、他人にそのことをバレたくもありません。

この失われた自信の穴を埋め埋めパテパテしてくれるのが「女の子からの好意」、もっとわかりやすくいえばギャルゲーや男性向け恋愛ものでよくある「複数の女の子から好かれてモテモテで困る状態」です。彼らは「男として

俺の土地がやせている
男としての自信が足りない
女手が必要だ

の自信」や愛情に飢えているため、**「俺はこんなに女から好かれてるんだからすごい。あいつらは俺より社会的には成功してるけど、俺はあいつらよりモテているからすごい」**と思おうとします。

そのため恋心の搾取地主は、なるべく多くの恋心を、なるべく長いあいだ吸い上げる体制、**「恋心の墾《こん》田《でん》永《えい》年《ねん》私《し》財《ざい》法《ほう》」**を施行します。「この子とは付き合えないな」と思っていたり、長く片思いをしている相手がいたり、実はとっくに彼女がいても、**キープ&キープ&キープ。**

良質な小作女子を獲得するため、出会い期にはとにかく優しくロマンティック。小作女子はまさか相手が**悪徳地主**だなんて思っていないので「優しくて素敵な王子様」「もうすぐ彼氏ができるかも……?」と期待を高めに高めます。

しかし、期待は高止まりのままキープされます。結論から言うと、付き合えません。定期的なデート、毎日のLINE、「かわいいよ」「一緒にいると楽しい」などのラブ言霊、「君だけに教える」といった特別扱い、スキンシップ、おうちでお泊り、疑似挿入など、「どう見ても付き合ってるのでは……？　彼女なのでは……？」と思うような行動をしておきながら、恋心の搾取地主は「付き合って欲しい」の一言だけは言わず、セックスもしません。

彼らは、自分が悪者になること、ヤリチンと言われること、浮気や二股など一般的に悪いと言われていることをしたがりません。嫌われるリスクを取れるほどの覚悟がないからです。「クリーンな自分」像を維持するために制定されるのが、「セックスしてないからセーフ」「自分から付き合ってと言ってないからセーフ」という、地主ランドの基本法。ボディタッチや挿入寸前までは合法です。独自ルールを決めて誰も見えないところに公布し、「だから俺は悪くない」とセーフティネットを張る姿は、嫌われるのは怖いけどワガママを通したい弱気な独裁者のようです。

さすがに小作女子も、半年から1年ぐらい経つと「**私たちの関係はなんなんだろう?**」と疑問を持ち始めます。私のような効率厨なら「出会ってから3か月を過ぎると、告白が成功する確率が下がるという研究結果がありまあす！　向こうが言わないならこちらから告白する！　最高値《さいたかね》で決める！」とさっさと告白するか、告白してもらうためのアプローチをして白黒をつけようとするか、「脈なしー　はい次！」とさっさと次の男性とデートをし始めるでしょう。

しかし、小作女子は疑問を感じたとしても、「自分からは動かず、相手からの告白を待つ」という選択肢を取ります。なぜなら彼女たちは「女性は告白されるもの」と信じており、自分の意見を言うことに慣れていない「受け身のいい子」だから。いい子なので「複数の人と同時にデートして彼氏を探す」なんてこともしませんから、「**恋人っぽいけどまだ恋人じゃない**男性に片思いしながらデートをし続ける」という状態にハマり込みます。

いやっほう！　これこそが搾取地主が求めるシチュエーションです。他の男に流れそうもない女の子が、自分だけを見てときめいている。これほどの精神報酬はありません。「控えめで自分からアプローチをしてこないけれど、恋心がダダ漏れになるぐらいには素直な女」を小作ターゲットにした甲斐があったというもの。

一方、女性陣はごく普通に「恋人として付き合いたい」と思っているので、付き合えない状態が続くと「私は好かれていないのかな？」「他に好きな人がいるのかな？」「自分は遊ばれているのかな？」「もしかして彼女がいる？」といった不安にさいなまれるようになります。しかし、真実を知るのが怖くて、なかなか地主に自分の疑問を上訴できません。


ズバッと聞く代わりに彼女たちは、地主の行動から自分への本気度を推測しようとします。

「ちょっと重めの相談にも親身に乗ってくれる。やっぱり本命では……？」

「夜に重めの相談をしてもすぐにLINEレスをくれて電話までくれた。彼女がいたらこんなことしないのでは……？」

「仕事が激務なのに時間を取って会いに来てくれる。やっぱり私は愛されてるのでは……？」

「彼の思い出の場所に連れて行ってくれた……本命だからこんなことをしてくれるのでは……？」

「彼の誕生日当日に一緒にいたし、私の誕生日にディナーを予約してくれている。彼女じゃなかったらこんなことはしないのでは……？」

「遊びだったら、すぐ体を求めてくるはず。でも彼は私を大事にしてくれる。遊びじゃないのでは……？」

そう思えるぐらいのエピソードは山とあります。どう考えても「彼は私のことを好きだ」という結論になります。そう地主がし向けているのだから、当たり前。

出会った記念日、自分の誕生日、相手の誕生日、クリスマス、バレンタイン、ホワイトデー、お花見、夏休み、恋人のイベントはたくさんあります。小作女子にとってイベントは「相手の本気度を測るバロメータ」ですが、搾取地主にとっては**「恋心の収穫期」**でしかありません。ラブラブに見えるのにこの心の溝！　めまいがします。

多くの子は「待つ」選択肢を取りますが、もちろん意を決して自分から「付き合って」と言う子もいます。おっと、地主にとっては望ましくないジャブ。ですが当然、想定内です。出でよ！「君のことは本当に好きだけど、今は付き合えない」！

彼らは「こういう理由があるから付き合えないけど、それが解消したら付き合いたいと思っている」といった意味のことを言ってきます。理由として挙げられる代表格は次の5つ。

・資格試験や仕事。「マインドを取られてしまうから、今は誰かと付き合うことは考えられない」

・コンプレックス。「希望の会社に入れなかったことで自信を失っている。だから今は誰とも付き合うつもりがない」

・家族問題。「弟がニートで、家に上げることができない。中途半端な状態で付き合いたくない」

・病気。「通院しているから、迷惑をかけたくない。未来がどうなるかわからなくて怖いから、今は誰とも約束をするつもりがない」

・過去のトラウマ。「昔の彼女にひどく傷つけられたから、彼氏彼女の関係になるのが怖い」

「今はXという障害があるから君とは付き合えない」のXに入るものは、小作女子にとって納得のいくものであればなんでもいいです。特にマジメな女性は「資格」「仕事」「家族」などの「義務」に弱いので、これらの理由が頻出する傾向にあります。

「今はXという障害があるから君とは付き合えない」は大変コスパの良い言霊です。「付き合えていない」というストレスフルな状態に「じゃあしょうがないよね」と納得する理由を与え、不安や不満を抑えてくれます。同時に「Xという障害がなくなれば付き合える。だったら**障害X**がなくなるまで待とう。**障害X**がなくなるよう手助けしよう」という期待を高めてさえくれます。

このように、恋心の搾取地主はロマンティック演出で恋心を高めつつ、「今はXがあるから付き合えない」という理由を与えて不安マネジメントして、小作女子がギリギリのところで自分に恋する状態をキープし続けます。

この時点で裏では、本命へアプローチをしていたり、遠距離彼女がいたり、不倫していたり、ラブラブ彼女がいたりします。

破綻期

地主と小作女子の**甘くエゲツない恋心の搾取関係**は、数年単位で続きます。彼らが中折れしたプライドを取り戻し、自分の本命恋愛で「よし、もう大丈夫だ！」と思えるまでには、だいたいそれぐらいの時間が必要だからです。破綻が訪れるのは、地主が20代後半から30代前半の結婚適齢期になってから。

ある日、おもむろに地主はこう切り出してきます。

「俺、彼女ができたんだ」「俺、今度の夏に結婚するんだ」

「障害Xがなくなったら付き合える」と思っていた女子は**「えっ？？？」**と混乱して、何も言えなくなることがほとんど。てっきり自分が彼女第一候補だと思っていたのに、とっくに彼女枠は埋まっていて、自分の思い描く夢が爆散するのですからトーゼンです。

小作女子はとても傷つきますが、ここで「私の貴重な20代を返せ！さんざん期待させたあの行動はなんなんだ！　訴訟！」と地主を責めることはほとんどしません。なぜなら期待してガマンし続けてしまうパーソナリティだから。そのため、自分の怒りや悲しみ、希望なども言えないままに混乱別れしてしまうことが多いです。

しかも、「いつか付き合う」という約束があったわけでも、セックスがあったわけでもありません。外から見ればピュアでクリーンな関係で「片思いしていたら相手に彼女ができた」というシチュエーションにしか見えません。地主男はここらへんの**責任逃れマネジメント**が本当にうまくて、はらわたが煮えくり返ってモツ煮になりそう。

一方で女性側は、誰に怒りをぶつければいいのか、悲しみをどこに持っていけばいいのかがわからず、呆然としたまま立ち尽くしてしまうことが多いです。根がまじめなものですから相手を極悪人にして切り捨てることもできず、「自分に女としての魅力がなかった」「どうして期待させるようなことをしたの」「いや、期待した自分が悪いんだ」「あの時、こう言っていれば変わったのかも」と後悔と執着にさいなまれます。

そんな小作女子の闇堕ちなどどこ吹く風で、地主は「あの子の好意にはうすうす気づいていたけど、正直、自信がなくてさ……」「妹みたいに大切に思ってたんだ」「彼女は俺よりもいい男をつかまえるよ」などと**ピュアぶって**周りの友人たちに語り、自分がやったことを思い出させる小作女子はブロックして会おうとはしません。「君の幸せを願っている」といういきれいな言霊は「いっぱい恋心を献上してもらったから自信がついたし、そのおかげで本命にも告白できたよ。ありがとう。もう用済みだから自由にしていいよ」の言い換えです。

さわやかなように見えて、**ズルさと自己保身の塊《かたまり》**です。

その体、大地に還元してやりたいですね。世界平和のために大地となれ。

no. 07

「妻は戦友……かな。
リラックスできるのは君だけだよ」

ふりん-おじ-さん
〖furin ojisan〗

不倫おじさん

不倫おじさんは、婚外恋愛を繰り返す既婚の男です。彼らはおもに2種類います。ひとつは「不倫は文化事業」タイプで、「若い世代との交流による柔軟性向上」「次世代の成長促進」「平和構築のための分散型アプローチ」といったプロパガンダを量産します。もうひとつは「だっていつまでも恋したい☆」という少女マンガ脳タイプで、「こんな気持ちになるのは君だけだ」「ああ、時を10年前に巻き戻せたなら」「恋せよ乙女、そして俺」といったロマンポエムを量産します。両者は一見するとタイプが異なりますが、「不倫は貞操義務に反する」という認識がない、「家族を傷つける」という罪悪感もない、という点では同じ。不倫の舞台は多くが会社、きっかけは「相談」です。彼らは「頼れる上司」「面倒見のいい先輩」の仮面をかぶり、仕事や人生に迷う若い女子たちに近づきます。「なんか悩みがありそうに見えるよ。よければ話を聞くよ」と言い、相手が「なんでわかったんですか!? ……さすがです……」と乗ってくれば、カモネギバーベキュータイムの始まりだ！ 「誰にも言えない関係」というクレイジーソルトをスパイスにして、ふたりのめくるめく不貞ロマンスはこんがりと燃え上がります。

ハマるターゲット層

- **社会人経験が少ない**
- **「いい子」「優等生」と言われてきた**
- **「自分はつまらない」というコンプレックスがある**
- **弱音を人前で吐けない、甘えられない**
- **「自分のことをわかってほしい」という気持ちが強い**

ターゲット層へのアプローチ

- **甘えさせてくれる**
- **社会人経験、人生経験が相対的に豊富**
- **共感し、話を聞き、悩みがあればアドバイスする**
- **自分の過去の失敗談を話し、弱さを見せる**

が楽しくなってきたんです。最初は自分のできなさに泣いてばかりだったんですけれど、彼が的確に私の不安や悩みを把握してくれて、アドバイスもしてくれるので、恋人とか彼氏というイメージはなくて、やっぱり尊敬する男の人、という感じです。彼の家庭を壊すつもりはないんです。今は一緒にいられるだけで幸せで。私、今まで本当の恋愛をしたことなかったんだなって実感しています」

ぱ「本当の恋愛とは」

「私、今まで同年齢の彼氏相手だと、力を抜けなくて甘えられなかったんです。前の彼は、私のほうが内定先も配属もいいところだったのがコンプレックスだったみたいで『一緒にいると劣等感を持つからつらい』って言われて振られたんです。でも、今の彼には弱いところを見せられます。私よりずっとできる人だし、人生経験も違いすぎるから、安心できるんです。『君はすごく優秀だし期待してる』って言ってくれるから、期待に沿おうと頑張れますし。こんなふうに、誰かのことを尊敬して彼のためになりたいと思える恋愛、したことなかったんです。だから彼にはとても感謝しています」

ぱ「なるほど感謝。感謝なのね。えーと、これはいちおう伝えるのが義務だと思うから伝えておくけど、右も左もわからない新入社員にテンプレ手法で手を出してくる男は、不倫常習犯の可能性が高いよ。それに社内バレしたら、F香だけ飛ばされるリスクがあるし、妻バレしたら慰謝料を払うリスクがあるんだよ。そこはちゃんと理解してる?」

「彼は常習犯じゃないです！『こんな気持ちになるのは初めてだし、こんなに自分を止められない気持ちになったのも初めてだ』ってとまどいながら言ってくれました。万が一、私が初めてじゃなくてもいいんです。『家ではくつろげないけど、君の前だと自分を出せる』『妻には弱みを見せられないんだ。こんなふうに甘えられるのは君だけ』って言ってくれます。私は、彼にとってオアシスでありたいんです。それに、会社で一緒にいられるから、土日に過ごせなくても頑張れます。こんなふうに、誰かのためになりたい、自分のことよりも相手のことが大事で愛しい、と思うのは初めてなんです。奥さんにバレるようなことはしていないつもりです」

ぱ「そうか……そうか……。既婚者との関係に未来はないし、ロマンチックポエムbotになっても時間を空費するだけだから、早々に沼から抜けて欲しいと、外野としては思ってるよ……」

1年後。

「私、別れました」

ぱ「あら……大丈夫？ 自分から別れたの?」

「はい……。友達や先輩がどんどん結婚し始めて、未来のない関係が怖くて不安になって、私から別れを切り出しました……。彼は『わかった。ごめんね、つらい思いをさせて。僕のわがままで君と一緒にいたいという気持ちを止められなかった。幸せになって欲しいし、これからもつらいことがあったらいつでも相談してきて』って言ってくれました。彼がいなかったら私、新人の時にダメになってたと思います。だから彼と一緒にいれて、成長できて感謝していますし、人のことを本当に好きになれる経験もできてよかったです。彼のことはまだ好きだけど、好きな人に家庭を裏切らせ続けるようなこと、してはいけないって思いました……。自分と彼のためにも、前向きに頑張ります！」

「なるほど～なるほど～なるほど～～～～～～」

この後、なるほどbot化しながら、不倫相手への思い、成長できた私、2人愛は本物……といったロマンスポエムをたっぷり聞いて、「恋は盲目」の意味を身に染みて実感したのでした。

大学の後輩。女子校育ちの理系院卒、
大手メーカーの総合職。

インタビュー

俺には家庭があるし、こんなことを言うのは間違っているのもわかってる。…… 君が好きだ

ぱぷりこ(以下：ぱ)「久しぶり！ 就活の時以来じゃない？ 仕事はどう？」

「そうですね、最初は右も左もわからなくてものすごくストレスがあったんですけれど、配属先の上司がすごく優しくて。『このくらいのことで質問したらウザいかな、とか、何度も聞いたら迷惑かな、とか考えずにちゃんと聞いてね。俺だって昔は質問魔だったんだから』と言ってもらえてすごく楽になりました。私、昔から人に頼るのが苦手で、つい抱え込んじゃう癖があるので、上司はそのことをとても気にかけてくれて」

ぱ「へー！　いい上司に恵まれることは宝だよ、よかったね。仕事で失敗する理由の多くは『わからないことを聞けずに期限が来る』だから」

「そうなんです！　仕事がすごくできて、とてもとてもステキな人なんです。上司に認められたくて、仕事をすごく頑張れるようになりました。最近はもう、会社に行くのが楽しみになるくらいで……」

ぱ「すごい傾倒ぶりだね。会社に行くならハワイに行きたいってずっと思ってる私とはえらい違いだなー。前に言ってた彼氏とはどう、順調？」

「あ、彼とは別れたんです。それで、今は……彼氏はいないです、いちおう」

ぱ「いちおう、というと、彼氏はいないけど彼氏っぽい人はいるということかな？」

「彼氏っぽい……んですかね。そうかもしれません。すごく優しいし、一緒にいて楽しいです。けど……」

ぱ「奥さんがいる？」

「えっ！？ なんでわかったんですか？」

ぱ「さっき話してくれた上司だよね？」

「そうです……。彼が私のメンターで、仕事のことを相談しているうちに……。私、キツいと言われている新規事業の部署に入ったんです。それで同期は早く帰ってるのに、ひとりだけプレゼンの用意が終わらなくて、泣きそうになりながら毎日終電まで残業していたんです。そしたら、彼が『大丈夫か？』ってコーヒー差し入れてくれて、もうその場で泣き崩れそうになって……。資料を見て、どうすればいいのかアドバイスをくれて、次の日の朝も朝早くからつきっきりで資料レビューしてくれたんです。そのプレゼンが終わった時、彼が２人だけの打ち上げに誘ってくれて。その後、少しずつ２人で飲むようになりました。そしたら、彼から『俺には家庭があるし、こんなことを言うのは間違っているのもわかってるんだけど、君が好きだ。一緒にいたい』って言われて……。ダメだと思ってたんですけど、私もすごく憧れてたし、好きで、一緒にいたいと思って。でもなんでわかったんですか？」

ぱ「気にしないで。『尊敬する上司に相談』というフレーズが隠語にしか聞こえない地方出身なの。そうかーじゃあ配属されてから進行中なのかな」

「そうです。……なんか、友達と彼氏の話がしづらくって。でも、彼と付き合いだしてから、すごく仕事↗

既婚男性と最もよく出会える場所、それは**「職場」**です。国立社会保障・人口問題研究所「出生動向基本調査」によれば、出会いの場は「職場」「友人・兄弟・姉妹を通じて」がこの30年不動のツートップ。友人・兄弟姉妹が「この人、いい既婚者だよ」と紹介してくることは修羅の国でない限りありえませんので、職場が不倫おじさん頻出スポットとなります。

不倫おじさんの使う技はごくごくシンプル。コスパの高い口説き文句セレクション8年連続金賞、オープンユアマインド賞ノミネート、高い信頼と実績を誇る魔法のラブ言霊「なんか悩みがあるように見えるよ。よければ相談に乗るよ」です!

そう、相談。相談です。恋のきっかけとして「心細い時にあの人が助けてくれた」「私の心のやわらかい場所をあの人が見つけてしまった」は超王道。特に、不倫おじさんのターゲットとなる「人に弱音を吐けずにひとりで頑張ってしまう子」「甘えることが苦手な子」にとっては効果てきめんです。下手に同期よりできてしまうから周りに相談できる人がいなかったり、長女気質で頼られることが多いから相談しづらかったり、自分の弱みを見せることが怖かったり、自分の意見を言うことに抵抗があったり……理由は人によってさまざまですが、彼女たちは精神的に孤立しています。そんな時に「**相談に乗るよ**」という言葉は渡りに船。むしろ大型船。ですが残念、タイタニックです。

「悩みがあるように見える」、これは外れない予言です。初めての社会人経験、転勤や転部による新しい環境、転職による仕事内容の大幅な変化、クセの強い顧客担当、仕事のミスなどなど、仕事をしている限り、**不安や悩み、ストレスはどんな人にも生まれるもの。**特に、不倫おじさんがターゲットとする若い女子ならなおさらです。よって「悩みがあるように見える」は「**いつか雨が降るよ**」と同じレベルのはずなのですが、相手の目を見て言うと、さも相手をよく観察している達人のワザマエのように感じるから、あら不思議。

さらに「**相談に乗るよ**」という追い言霊が来ます。このコスパの高さは異常です。**口説いてるわけではない。心配しているだけ。断られたって**

大丈夫。リスクゼロ。しかし、自分の好感度をほぼ確実に高めてくれます。「**この人は私を気にかけてくれてるんだ……」と思わせればそれでオッケー。**あとは不安が爆発した時に向こうからやってきます。優しい言葉をかけ続ければ、水はおいしくなるし、人間の心の操縦権を握れます。**不安×優しさ**の相性が良すぎて、効率厨としてはトキメキが止まらない。

このように不倫おじさんは、毎年大量の「不倫の種」をまき散らし、その中から不倫相手を選んでいます。新卒採用をしている会社なら、「不安を抱えている若い女子」は必ずいます。**「仕事をしていれば自動的にターゲットが目の前にやってくる構造」**を、彼らは見事に使いこなします。

そんな闇の構造など知らないターゲット女子たちは、心が弱っている時に「年上で会社の地位が高い人」「尊敬する人」からこんな親身な言葉をかけられたら好意が爆上がり。

「あんなに仕事ができる人なのに、私なん

かを気にかけてくれるなんて」

「先輩、自分より忙しいはずなのに、時間もらっていいのかな」

「なんで私のことをそんなにわかるんだろう。誰かに助けて欲しいけど言えないってわかってしまったんだろう」


ここで彼女たちから「実は……」と相談を持ちかけられたら、7割の仕事は完了です。「相談に何回か乗ってもらって好意を持つ↓頭をなでられる↓もっとボディタッチされる↓体の関係を持つ」という運用フローに乗せるだけ。「相談を聞く」ことで2人きりの時間を増やし、最後は「君を放っておけない」という決めゼリフで落とします。

ダメだと思っていたけれど、気持ちが抑えられない……！

不倫おじさんは、女子の良心の葛藤をよく理解しています。そのため、不倫常習者であればあるほど、恋愛ロマンポエムを大量にストックしています。

「ダメだと思っていたけれど、気持ちを抑えられない」
「仕事だから心配していたわけじゃない。他の人には、こんなに優しくしようと思えない」
「君にだけ弱みを見せられる。家族にはこんなことを話せない」

このようなポエムを現実で聞きなれていない子たちは「そんなに私のことを……！」と思い、ダメだとわかっていても飛び込んでしまいます。

こうして始まる不倫関係ですが、もともと「上司と部下」「先輩後輩」という上下関係がある上に相手には家庭があるため、**対等なお付き合いにはなりません。**しかし、不倫女子側にも「自分は家庭があると知っていてこの人に惹かれた」という負い目があるため、**不自由な恋愛関係はむしろ恋心を加速させるスパイス**になります。

不倫おじさんは、自分の家庭を壊す気も離婚する気もありません。さらに巧妙にターゲット選定しているので、「別れてよ！」「私と結婚して！」と言ってくる猛々《たけだけ》しいタイプを選びません。見てきた通り、ターゲットとなるのは、マジメで仕事にきちんと取り組む「いい子」で、自分の意見を言えないタイプ、つまり**自分が御しやすいタイプ**です。彼女たちは「相手の家族を壊してやろう」「別れてもらって再婚する」「会社にチクる」なんてことを考えないし、不倫おじさんの地位を脅《おびや》かす危ない行動もとりません。

そんな彼女たちを見て、不倫おじさんは**頭をなでなでよしよしして、**ラブ言霊をさらに紡ぎます。

「つらい思いをさせてごめんね」
「君と一緒にいる時間は、仕事のことを忘れられるよ」
「こんな気持ちになったのは何十年ぶりだろう」

関係者の証言によると、とある不倫おじさんは「何十年ぶりかのときめき」を2年ごとに違う子に感じているそうです。存在がSFです。ですが女子側は「ステキで尊敬する先輩・上司」の言葉を信じきっていますから、「奥さんには悪いけど……すごく優しくて、私のこともわかってくれる」「ちゃんと心配してくれている」「私は特別なんだ」と、さらに尊敬と恋心を募らせます。一方で、彼が妻とLINEしているのを見てしまったり、妻の話を同僚としているところに出くわしてしまったりして「ああ、私だけじゃないんだ」「やっぱり私は一番じゃない」「私にとって彼は一番なのに、彼にとって私は一番じゃない」という**TP（つらみポイント）が蓄積**していくため、痛みをやわらげる鎮痛剤として、不倫おじさん直伝のロマンポエムをさらに量産していきます。

会社バレや妻バレしない限り、多くは女性からの通告によって関係が終了します。

別れの理由はさまざまですが、「つらみがもう限界」「結婚適齢期で焦り出した」という理由がメジャーです。不倫を始めて3年も経てば25〜28歳くらい。同世代の女性たちが次々と結婚や出産をして、幸せシャワーを浴びる機会が多くなり、「私、こんな未来がない関係ばかり続けてる」と我に返るのがまずひとつ。

もうひとつは「そろそろ彼氏でも連れてきなさい」「結婚はどうしたんだ」という家族からの期待です。彼女たちは良くも悪くも世間や常識に従順なため、「まっとうな生活」「自分への期待」を目の前に突きつけられると、「自分が道を外れている」現実に恐怖を覚え、別れを切り出します。

「別れたい」と伝えると、不倫おじさんは「そっか……しかたないよね」「僕が弱くて、君を手放せなくてごめん」「幸せになってほしい」などの別れのポエムを捧げて身を引きます。女子側は不倫おじさんの「しかたないね……」と寂しげに笑う姿を見て、「そんなふうに私を思ってくれて……最後まで優しい……」などと夢を見ますが、**勘違いです。**

彼らが彼女たちをさくっと手放せるのは、会社という狩り場とスキルがある限り、代わりがいくらでもいるからですが、当の不倫おじさん自体も**脳内がロマンポエムに支配されているため、**その瞬間は本気で言っていたりするので、タチが悪いことこのうえない。

お互いに「これは純愛だった」「恋だった」などという認識のため、別れは**無駄にドラマチックになりがち**です。目を覚ませ！と筆圧ピンタしたくなりますが、「**あの人と一緒にいれて私も成長した**」などと言い出す子が絶えないため、「成長」を手助けする不倫おじさんの文化事業は今年も豊作です。

「え？ いいよ付き合おっか。
今ちょうど彼女いないし」

かのじょ-じどう-ほじゅう-おとこ
〚kanojo jido- hoju otoko〛

彼女自動補充男

彼女自動補充男は、自分から動かなくても彼女が自動的に補充されていく、受け身モテ男です。セフレ牧場経営者やスタンプラリー男は狩りのために恋愛魔窟を自ら闊歩《かっぽ》する狩猟系肉食男子ですが、彼女自動補充男は狩る意識がなく自分からは動かず、その点では草食というより草です。しかし、草は草でも彼らは食虫植物。「かわいいね」「今日の服いいね」「荷物を持つよ」「こっちおいで」「そういうの好きだな」など、騎士物語の騎士めいた甘い香りを漂わせて、勝手に女性が落ちてくるのを待つその姿はまさにウツボカズラ、ハエトリソウめいています。女性陣は「まるで恋人扱い」「私のこと、特別なのかな？」とトキメキますが、彼らは女子トイレに行くタイプの人類全員に同じ行動を取っているだけ。彼らは自分からほとんど告白せず、告白してきた人とはよほど無理でない限りは付き合います。理由は「彼女ポジションが空いていたから」。見た目と態度は甘くて情熱的なのに、恋愛に対しては超低体温で、好みじゃない人に恋人のように優しくし、好きでもない人とも付き合います。彼らにとっては「好き」という言葉ですら「おはよう」「おやすみ」と同じぐらいの意味しかありません。日本語は通じるけれど別の国の民です。しかしそんなことを女たちが気づくはずもなく、おかげで勘違いして期待して撃沈する女たちが失恋の山を築き上げます。

ハマるターゲット層

- エスコートできる人が好き
- お姫様扱いしてほしい
- 甘い言葉、壁ドン、顎クイにときめく
- 「好き」といった愛情表現を求める
- ちょっと影があって色気のある人に弱い

ターゲット層へのアプローチ

- 息を吸うようにボディタッチし褒める
- ドアを開ける、荷物を持つなど紳士的な行動をとる
- 髪型や服装などの細かい変化によく気づく
- 相手のちょっとしたコメントや好みをよく覚えている
- 「好き？」と言われたら「好きだよ」と返す

営業職なんだよね。俺、基本バック部門にいるからフロントの仕事って興味があってさ。実際の仕事としてどんななのかなーとか興味あって」

ぱ「物理方面のみで内面について触れられてないのが激しく気になるんですが、性格のほうは?」

「うーん、友人としては良い子だけど、恋人としてはこれからって感じ」

ぱ「ハイ……。ところで、なんでそんな女の子から好かれるんだと思う?」

「別にそんなでもなくない? 特定のタイプには好かれるけど、俺好みの子はなかなか会えないし。うーん、でもそうだなあ、女扱いがうまいとは昔からよく言われる。『素敵だね』『かわいい』って言葉はほぼ無意識に言うし、基本おごるし、なんでもない日でも花とか買ってプレゼントする。あと、荷物を持つとかドアを開けたりとか。そういうことをされ慣れてない子が多いみたいで、すぐ『素敵!』って言われることは多いかも。でも俺、姉と母に『女の子にはジェントルに!』ってたたき込まれてるだけで、別にほとんど意識してないんだよね」

ぱ「これはひどい女たらしですね」

「そうかなー俺からすると、そんなことで好きになるの? って不思議なんだけどなー。まあ、好きって言われたらそれはうれしい。ただ、付き合うってのは相手を知るための行動だから、付き合ってみて『そこまで興味が持てないかも』と思うことはある。ていうかほとんどだけど」

ぱ「そういう時ってどうするの? 別れるの?」

「わざわざそれだけで『別れよう』って話もしないかなー。別に嫌いなわけじゃないし、一緒にいて壊滅的につまらないとか、ありえないレベルのワガママぷーだとかじゃなかったら、まぁいっかーでそのまま付き合うよ。だって別れたからって、俺好みの人がすぐ目の前に現れるわけじゃないし」

ぱ「あああ、なんかすごく細くてとんがってるものでエイッてやりたい、エイエイッて。結婚願望はないの?」

「結婚願望はめっちゃある!けど、今の彼女とはするのかなー? 数年ぐらい付き合ったらするのかもなー? でもやっぱり自分好みの人としたいっていう希望は捨てられないんだよね。結婚って一生ものじゃん。彼女と違って」

ぱ「付き合うハードルがやたら低くて、付き合ってから考えるという感覚がめっちゃ強い割には、結婚についてははっきりしてるんだな!? あと『彼女と違って』って言葉、マジ彼女勢が聞いたら死ぬからやめとけ!女にとっては彼氏=結婚相手なんだよ! 息を吸うようにたらし込んでる点についてはもう少し自覚しないと、女の屍がまじで積み上がるだけだから……」

「いやー俺も長年やってると意識しなくなるから、突っ込まれるとありがたいよ。学びがある!」

ぱ「ほんとさいてい」

IT系リサーチ職。
いつ話を聞いても彼女がいる。

インタビュー

付き合ってみて『そこまで興味が持てないかも』と思うことはある

ぱぷりこ(以下：ぱ)「友達が合コン参加者を募集してるんだけど来る？ 彼女と別れたって聞いたから」

「あ、彼女できたから行かない」

ぱ「また!? なんかいつも3か月と経たずに次の彼女ができてるよね？ なんの召喚魔法?」

「女友達と飲んでる時に別れたよーって話をしたら告白されてさ。付き合ってる人いないから、オッケーした」

ぱ「なるほど？ 彼女がいないといえば告白されるのね？ なるほど？ 自分から告白とかしないの」

「人生で1回だけだね。9割は告白される」

ぱ「告白されたいタイプなん？ そうは見えないけど」

「いや全然。告白する時はしたい。ていうか、したいと思う人がいたらすぐしたい。ただ、あまり好みの子がいないんだよね。俺、はっきり意見を言えて、強い意思と実行力を持ってて、周りに流されない個性を感じる子が好きなんだけど、ほとんどいないんだよ。でも、興味を持てる子が現れるまでひとりでいるわけにもいかないからさ。俺だってそこそこ性欲あるし、イベントを一緒に過ごす相手が欲しい。だからフリーだったらだいたいオッケーする」

ぱ「ひとりでいるわけにもいかない、てどこの部族ですか？ つまりほぼ先着順ってこと?」

「よほど無理な性格でなければ。あ、でも俺、付き合ったことないタイプだとほぼオッケーかも。もしかしたら他のタイプもいけるかもしれないっていう期待がある。仮説は試してから棄却しないとさ。最初からナシ！ 自分のタイプオンリー！ っていうのはただの食わず嫌いじゃん？ それに俺、直感型だからつい自分のカンに頼っちゃうんだけど、もうこの年齢だし、別の方向性も試してみないと可能性が狭まるし、長期的に見て今後の伸びしろを失うと思うんだよね」

ぱ「ビジネス誌みたいな言葉を使って恋愛を語らないでくれる？ 今回の彼女はなんで付き合ったの?」

「顔と体と仕事内容かな。俺はリサーチで、彼女が↗

コミュニティー内に数人は存在する伝統的モテ男です。圧倒的に顔がいいというよりはむしろ雰囲気イケメンであることが多く、常に彼女がいて、紳士的で、ガツガツしておらず余裕があるため、「あの人ステキ……でも彼女いるし……」とひそかに憧れられる対象です。「女の子には優しくするもの」というイタリア男魂が憑依《ひょうい》しているので、ロマンチック、ラブ、イデオロギーに生きる女子の「してほしいこと」をすることに躊躇《ちゅうちょ》がありません。また、「運動」「勉強」「技能」などの能力に秀でていることが多く、人から頼られたり注目を集めることが多いため、他校にファンクラブがあったりと、ちょっとした伝説を持っています。

しかし彼らに「目立とう！」「モテたい！」という気持ちはなく、好きに生きているだけなので、誘われた合コンに特に期待した様子も見せずにフラリと現れて、「ステキだね」「かわいいね」「そういう服すごく好きだよ、似合ってる」「かっこいい女性ってすてきだな」「朝早く起きて偉いね」などと、イタリア男モードを爆発させます。立てばカバンを持ち、座れば奥の席へ誘導、一緒に歩けばドアを開けて笑顔で「どうぞ」。その他、手に触れる、腰を支えるなどのスキソンシップを下心などみじんも感じさせないさわやかさでやってのけるため、**「エスコート」と「褒められる」**ことに慣れていない乙女は恋心を高めます。

「エスコート」と「女性を褒める」は大変にコスパがいい口説き技バリューセットなのですが、日本ではそれほど一般的ではなく、ヤリチン組や不倫おじさんが使っている姿が目立ちます。しかし、彼女自動補充男にとってこの2つは「スキル」ではなく、**もはや呼吸**です。「なんでやらないの？ 酸素いらないの？ 疲れない？」と思っているので、**彼女がいようがいまいが縦横無尽に繰り出されます。**

周りの女性陣は、「今は彼女がいるけど……いつか……」と期待を募らせたり、「彼女

と別れそう」という情報を聞いて「彼女の座」をゲットするために始発に乗って並ぼうとしたり、恋愛気分を最高に盛り上げます。晴れて「彼女の椅子」が空いたら先着1名に彼女の座が与えられます。

付き合い期

周りからは、非常に仲が良くラブラブなカップルに見られます。「好きだよ」という言葉による愛情表現、デフォルト装備のエスコート、マメな連絡。どこからどう見てもホットなカップルです。

ですが、それは物理世界のお話。**精神世界では、ホット&ブリザードの火星めいた風景**が見られます。彼女からすれば「大好きな人とラブラブで幸せ！」ですが、彼女自動補充男からすれば**「本命が現れるまでの空きスロットが埋まった」**だけ。彼らにとってほとんどの交際は**「別れても別れなくてもどっちでもよい」**というローテンションで維持されているため、恋人関係を維持するリソースもとても低いです。恋愛強者って怖いですね。

彼女勢は「こんなに優しくて尽くしてくれて特別扱いしてくれるんだから、私は愛されている！ 結婚も近いかも！」と幸せラブストーリーを絵巻物のように繰り広げますが、彼女自動補充男は「彼女の機嫌は今日も良かった」という、8月31日まで同じ内容をコピペする夏休みの絵日記レベル。

彼らには彼らの理想がありますが、数珠《じゅず》つなぎに発生する「その他大勢の彼女たち」と共有しようとは思っておらず、**心の中は冷めています。**「好きだよ」「かわいいよ」はバイトが笑顔で「ありがとうございました」「いらっしゃいませ」と言うレベル。**「好き?」と聞かれれば「好きだよ」と返します。**こだまでしょうか? こだまです。

こうして、かの有名な**「80：20の法則」**が生まれます。

80：20＝彼女が評価する彼の愛情リソース：彼が実際に割いているリソース

男側の気持ちが冷めていたり、相手に対して「結婚はないな」と見切りをつけていても、表面上は仲が良いカップルのまま。「彼女」ポジションという存在の耐えられない軽さに涙が止まりませんが、彼女が「私たちはラブラブ！」と信じている限り、お付き合いは続きます。

破綻期

彼女自動補充男にとって、**彼女は「空きリソース運用」**のため、「彼がリソースを下げる」→「彼女が不安になる」→「彼女からの別れ話」が基本です。

「俺、いつもフラれるんだよね、だからモテないよ」と彼らは言いますが、半分は正解で半分は嘘です。フラれるのは本当ですが、彼らは**「彼女がフる」ように仕向けています。**

以前と比べて愛情表現が減ったことを察知した彼女が諦めて「別れる」と言うか、試す意味で「別れる」と言うか。どちらにせよ彼らにとっては**「埋まっていたスロットが空いた」**意味しか持ちません。**そしてこのスロットはまたすぐに埋まるので、**彼女は「すぐ彼女ができるなんて、私のことなんてどうでもよかったんだ……。もしかして二股された……？　私の数年はなんだったの……？　私に魅力がなかったの……？」と傷口に塩を丹念に擦《す》り込む所業をやってのけます。

また、結婚を期待している彼女が「あれ、こんなにラブラブで付き合ってるのになんでプロポーズされないの？」と不安になることでも修羅場が生まれます。彼女自動補充男からすれば「20％のリソースしか割いてない人だから結婚しなくない？」と思っているのですが、彼女はそんなリソース配分など知ったことではありませんので「なんでプロポーズしてくれないの!?」と不安になって爆発、という事例がアラサーになって多発します。

最後のお別れパターンは「彼女自動補充男が待っていた本命がついに現れた」場合です。この時、**ウッボカズラに突然2本の足が生えて、全力で走り出します。**おまえ、足があっ

たのか！**しかもめっちゃ速い！速い！**彼は風の神に愛されているのでしょうか!? 魔のピンカーブもなんなくこなしラストスパート結婚ゴオオオーーール！という、周囲をボーゼンとさせる動きを見せます。

彼らにとっては「10年かけて待っていた甲斐があった！筋トレしといてよかったよ！幸せ！」ですが、これまで付き合っていた彼女からすれば、「私と付き合っていたはずなのに、気がつけば別の女と結婚」という、寝汗をぐっしょりかいて即身仏になりそうな悪夢でしかありません。

彼らに悪気があるわけでもありませんが、悪気がなければ何をしてもいいわけではありません。これぞ**女たらし、という天然オーガニック妖怪**です。

「俺は自分より弱い女が好きなんだ」

ぷらいど-やま-お
〖puraido yama o〗

プライド山男

プライド山男は、自分より下の女性を見ることで安心し、自分のプライドを保つ男です。外界から隔絶された結界の中で「ワタシハスゴイ」「タニンヨリモスゴイ」と100万回つぶやいた者がたどりつく「プライド山」には伝説のビューポイントがあり、プライド山男はここから下界を眺めて「俺より下がこんなにいる、俺はすごい」とホクホクしています。彼らは上の景色になど興味がありません。自分より下だけを眺めていたいからです。誰しも「自分はすごいと思いたい」という気持ちはあるものですが、プライド山男はこの気持ちがスバ抜けて強く、「女性」という性別全体に「常に自分より下でいてほしい」という願望を持っています。1万年前から伝わる伝統的モテテク「女は男を立てるべき」「男は自分より弱くてバカな女が好き」「男に好かれたいなら無知なフリをしろ」が、がっつり通用する層です。彼らにとって、自分より能力や経験がある女性や年収が上の女性、自分より有名な会社に勤めている女性は「性的対象としての女」ではありません。彼らが付き合いたいと思う女性は「自分よりロースペックで自分を尊敬してくれて、自分はすごいと思わせてくれて、安心できる子」です。そのため必然的に、「自分のコミュニティーに新規で参加した年下の女性」がターゲットになります。

ハマるターゲット層

- 人見知りで
  人に話しかけることが苦手
- 年上やできる人が好き
- 男性には頼りたい、
  自分を引っ張っていって欲しい
- 周りから言われたことは
  素直に受け止める

ターゲット層へのアプローチ

- 自称「お兄さん気質」
- 年下、ニューカマー相手に
  よく構う
- よく相談に乗る
- 人に教えるのが好き

自分より学歴が上の女とは付き合いたくない

インタビュー

音大の大学院に通う大学院生。
パリにある有名大学の奨学生に選ばれた。

ぱぷりこ(以下：ぱ)「もうすぐパリ留学でしょ? あの大学院に受かるなんてさすがだねー おめでとー! これ、築地で買った高級海苔とチーズたら５種類のセット。私の考える最強の日本食だよ」

「メルシーボクー、って言うかこれ、ぱぷりこが常備してるツマミじゃない?」

ぱ「そうとも言うね! 同じ研究室の先輩彼とは遠距離恋愛になるのかな。彼は日本にとどまるの?」

「あーうん、日本にいる。ていうか実はね、振られたんだ……」

ぱ「えっフラれた!? ……遠距離恋愛は無理だって?」

「いや……自分より学歴が上の女とは付き合いたくないって」

ぱ「?？?それフランス語？？?ちょっと意味がよくわからなかったんだけど」

「うん。私もそんなことを言う人だって思わなかったからびっくりしてる。なんか態度が冷たくなったりメールの返事があまりこなくなったなーと留学準備前から思ってたんだけど、私も留学審査に受かるために必死だったからあまり気にしてなかったんだよね。で、いざ受かった報告をしたら、全然おめでとうって言ってくれなくて。『俺がいろいろ仕込んだおかげだなー感謝しろよ?』って。笑いながら冗談めかしてるけど本気っぽくて、彼が不機嫌なのは私の感謝が足りないからかなと思って、ちゃんとお礼を言ったの」

ぱ「もうこの時点で見下しウエメセ嫉妬タイフーンがすごいんですが、避難勧告を出していい?」

「こんなのそよ風だよ。確かに私はものすごく先輩に助けられたよ……。『曲の解釈が甘い。日本語や英語の論文だけじゃなくてフランス語の文献を読め』とか言われて最初はムカついたけど、すごい知識があるから尊敬してたし、彼に追いつきたくてフランス語を猛勉強したんだよね。彼もよくフランス語を教えてくれてたし。だから、先輩のおかげだっていう↖

のは間違ってない」

ぱ「確かにサポートはしてくれたんだろうけど、奨学金ゲットという激戦区を勝ち抜いた実力はEちゃん自身のものでしょ？ なんで最初に『俺に感謝しろ』なの？」

「もともと『まだまだだね』とよく言う人だし、そのとおりまだまだだと思ってたからそんなに気にしてなかったんだけど、さすがにこれだけ結果を出したら褒めてくれるかも、って期待してたんだよね……。私、こう見えて負けず嫌いだからさ。認めさせてやる！ て思って頑張ったんだけど、頑張りすぎちゃったぽい。『俺は留学のために利用されたという気持ちが抜けないから、留学を祝えない。終わりにしよう』って言われた」

ぱ「ごふっ。ぺ、ペルドン？」

「いや私も言ってる意味がわからなくて混乱しちゃって。『先輩を尊敬してるし、助けてもらったことに感謝してるから別れたくない』って言ったんだけど、『俺は自分より弱い女を世話するのが好きなんだ。お前は俺を踏み台にしたからもうかわいいとは思えない』って言われました……」

ぱ「ノン・ノン！ Eちゃんが悪いみたいな言い方されてるけど、それってずっとEちゃんのことを目下扱いして見てたってことだよね。下克上されたから気に入らなくて終わりってこと？ 恋人の成功を喜べないケツの穴の小さい男なんか別れて良かったよ！」

「ありがとーーーもうでもすごく落ち込んでさ……。博士課程にいる女の先輩が『高学歴の女はまじで結婚できないから気をつけなよー男は自分より賢い女は好きじゃないんだよー』て言ってたんだけど、ああこういうことなのかって実感してさ……私、ドクターを取るまでは向こうにいるから、マジ婚期を逃すかも……不安になってきたよ……」

ぱ「大丈夫だよ、そんなうんこ男のことはトイレに流そうーうんこって叫んで忘れよう！」

「フランス語ではメルドって言うんだよ。あーもうすごく尊敬してたのに！！ メルドー！！！」

ぱ「メルドーーーーー！！！！！」

この後、メルドーボクー先輩は、彼女が留学準備をしている間に大学院に入ったばかりの後輩女子と浮気していたことが発覚しました。自分より下の女＝年下の初心者に向かうあたり、行動と言葉がブレてなさすぎて一周回って感心する。

大学のサークルやアルバイト、インターン、会社などのコミュニティーで出会えます。プライド山男は、出会った当初は「面倒見のいい優しい先輩」です。

「入ったばかりで不安なのはわかるから、俺を頼ってよ」

「面倒を見るのは先輩の義務だから」

「大丈夫？ なんか悩みとかあるんじゃない？ 俺でよかったら話を聞くよ？」

彼らはこのようなラブ言霊を駆使し、ニューカマー女子たちに構います。新しいコミュニティーに入る時はほとんどの人が不安なので、「不安？ なんか悩みあるように見えた」は「君は人間？ 肺呼吸をしているように見えた」と言ってるぐらい当たり前のことなんですが、女子たちは「私のことをちゃんと見てくれている！」「頼り甲斐のある優しい先輩！」と好印象をアゲアゲしま

す。特に、人から構われたいタイプ、人見知りで自分から人に話しかけることが苦手なタイプは、なにもしなくても向こうから話しかけてきてくれるプライド山男にときめきがち。

本気で面倒見が良いお兄さんタイプは同期や先輩からも慕われまが、プライド山男は同期や先輩からの評判がそれほど良くなく、常に年下や後輩とつるんでいます。というのも、彼らは「不安だろうし放っておけないから構う」のではなく「**自分より知識と経験が浅くて自分より下にいるとわかっているから構う**」からです。

プライド山男は人と対峙する時、いつも**「こいつは自分より上か？　下か？」と相対評価で見る癖がある**ため、自分の劣等感を刺激する人には近寄らず、「自分より年下で経験が浅い子、特に女子」にのみ構います。

彼からの行動パターンを知っている人たちからは**「新規食い」**と呼ばれ、**「まーた新入生を食ってるよ」「4月は花粉とあいつの活動が活発になる」**と言われているのですが、新しい場所に来たばかりの子たちはそんなことには気づきません。またプライド山男本人も**「俺、昔から年下に好かれるんだよねー長男だからかな？」「ほっとけないじゃん？　頼られたら」**とブランディングしているため、「いつも年下に囲まれている先輩」という印象が強まります。

「新しい出会い、不安な心境、優しい先輩」という条件が揃えば、淡い恋心が生まれるのは宇宙の理《ことわり》。「あれだけ人気がある先輩だから、彼女はいるかな……」と思っているところに、おやおや「付き合って長い彼女がいるけど別れたい」というお話が。「先輩、私じゃダメですか……」とロマンスが爆誕するのに時間はかかりません。

無事に憧れの先輩とお付き合いしてからは、仕事や授業、技術、就職活動などのことで彼が彼女へアドバイスをして、彼女は「やっぱり私の彼はすごい！」と尊敬する、キャッキャウフフのラブラブ生活がしばらく続きます。

「しばらく」というのは、具体的に言うと「プライド山男の知識や経験＞彼女の知識や経験」の期間中です。2人の年や経験が離れていれば離れているほど知識や経験のギャップが大きいので、その分だけラブラブ期間は長引きます。端から見ていれば「世話を焼くお兄さん彼と甘える年下彼女」という微笑ましい関係に見えるでしょう。実際、2人の関係が「男＞女」のまま続けば、彼らはとても良いカップルとなり、特に問題は起きません。

きな臭くなるのは、女性側が頑張ろうとする時です。プライド山男は、自分と他人のスペックを測ってどちらが上かを1秒ごとに確認しているため、「彼女が自分よりも上に行きそう」と感じると、アドバイスのふりをして、**全力で邪魔しにかかります。**

「え、その会社を受けるの？ そこ評判が良くないらしいよ。やめとけば？」

「留学するの？　俺に会えなくなってもいいの？　英語なんて日本でもできるじゃん。なんでわざわざ外国に行くの？　お金がすごくかかるけど、それだけのメリットってあるわけ？」

「転職かー。確かに給料は今よりいいけど、激務でメンタルやられる人がすごい多いって口コミに書いてあったけど？」

「なんで今から職種を変えようとするの？　やっぱり手に職をつけたいって……事務職でもいいから早く帰ってごはんを作りたいって言ってたじゃん。嘘だったわけ？　結婚しようと思ってたけど、忙しくなって今までどおりにいかないなら話が違うから、考えさせて」

「え、派遣でいいじゃん。なんで正社員なの？　うちの母親が、バリバリ働く女ってあんまり好きじゃないんだよね。家のことをおろそかにしそうで信用できないって。もう結婚したんだから、外にわざわざ出なくてもいいじゃん。家にいなよ」

「副業っていくら儲《もう》けてんの？　え、そんなに？　……なんで黙ってたの？　俺、結婚したら大黒柱になろうと思って頑張ってたのに、なんかバカみたいじゃん。バカにしてたの？　俺のこと。そんなくだらないことやめたら？　俺をバカにしてまで続けるつもり？」

社会の評価、世間一般の常識、口コミ、自分の好み、俺の尊敬する先輩が言ってた、俺の両親が言ってた、**あらゆる理由を尽くして、**プライド山男は**彼女が自分より先に行くことを阻止**しようとします。理由づけはしょうもないものが多いのですが(ただの言いがかりですからね!)、彼女はこれまで「尊敬する彼のアドバイスを受けて自分は成長してきた」という経験があるため、「私はこう思ってるけど、あの彼がそんなふうに言うならそうなのかな……?」と思って、自分の道を諦めてしまいがち。彼女が挑戦をやめれば彼らは「世話好きの先輩」に戻るため、この時の疑問を忘れてしまう人は少なくありません。

破綻期

破綻の公式はシンプルで、「プライド山男＞彼女」の公式が崩れた瞬間です。

前述のとおり、彼女がプライド山男を脅かさない位置にいる限りは、彼らは優しいです。しかし、自分の立場が危ういと感じると、あの手この手で行く手を阻もうとしてきます。それでも彼女がやめないとさくっと別れを切り出すか、**「俺の言うことを聞かない女はかわいくない」**と浮気に走ります。

もともと彼らは年下を引っかける術《すべ》に長けているので、同時並行で浮気相手を見つけることなどお手のもの。彼女たちがプライド山男に出会った時は、こういう「自分の言うことを聞かない彼女」からの乗り換え時期で、「彼女とうまくいってないんだよねー」は、「自分より上に行きそうでコンプレックスが刺激されるから不愉快」の言い換えだったのです。

さて、浮気がバレたり、浮気相手に「彼女と別れて付き合って！」とせっつかれるなどすると、プライド山男はある言霊を使って別れを切り出してきます。そう、漫画やドラマでおなじみのあのセリフ「お前は俺がいなくても平気だよ。強いから。でもあの子には俺が必要なんだ」です！

純粋培養うんコメント（うんこめいたコメントの意）として結晶化したこのセリフで、どれほどの女性が「自分は男性を立てられないからフラれたんだ」「自分はかわいくない女なんだ」と自信喪失したか、想像するだけで涙が出ます。彼らの言う「かわいげ」「守ってあげたい」は「自分のコンプレックスを刺激せず、自分より下の立場にいて見下せること」という意味で、別れたい理由は「もう君は俺の劣等感を刺激する存在になってしまったから、新しく見下せる子を見つけたいんだ」という意味です。インタビュー例のように「自分より学歴が上の女とは付き合いたくない」とはっきりゲロる人は少数派で、どちらかと言えば「かわいくない」「守りたいと思えない」「そういう子じゃなかったよね」と彼女側のせいにすることが多いです。

くあー腹たつー。

常に彼よりも「ちょっとできない」ポジションでいることとは、相当の調整力を必要とします。あと、普通にしんどい。素の自分を出せないストレスは、チリツモでどんどんたまっ

お前は俺がいなくても平気だよ。強いから。でもあの子には俺が必要なんだ

ていくものです。実際、私の周りでも「夫に年収を言えないから300万円マイナスで伝えている」「彼氏より先に資格に受かったから言いづらい」「副業で思いのほか稼いだらめっちゃ不機嫌になった」「学歴の話になると不機嫌になるからNG」という話をよく聞きます。

見下されていることをよしとするか否かが、プライド山男との関係を判断する唯一のポイントです。「女としてガンガン男を立てたい！　屹立《きつりつ》させたい！　摩天楼のように！」「三度の飯より内助の功が好き！」という意思がある女性ならともかく、自分で自分の人生を選んで挑戦したい人なら、どこかでプライド山男とは決別する時がやってきます。

なおプライド山男は、**年を取るにつれてますますヤバみが増してくる熟成タイプ**の妖怪です。**自分より下を見て安心するマインド**なので、実力や経験が年齢の割に伸びず、同世代の年収や出世ぶりを見てますますコンプレックスを募らせ、「**コンプレックスを刺激しない年下を！　圧倒的な**

年下を！」とどんどん彼女との年齢差が開いていく傾向にあります。20代前半ならまだしも、アラサー以降になったら見つけた瞬間に滅っ！

「俺の知り合いがさ～」

知り合いがすごい男

しりあい-が-すごい-おとこ
〖shiriai ga sugoi otoko〗

知り合いがすごい男は、本人よりも知り合いのほうがすごい男です。「自分は仕事を頑張っている」という話だけでは済まず、「俺の知り合いがすごい、仲間がすごい、クライアントがすごい、よって俺もすごい」というプラエク（プライド・エクステ）を盛ってきます。人脈を使ってマウンティングして自分のほうが強いということを知らしめる姿、なにやらゴリラめいています。彼らは21世紀の幻術使いで、自分の周りにあらゆる「すごい人の幻影」を召喚します。同じ中学出身のアイドル、アワードを勝ち取った先輩、書籍を出しているクライアント、仕事場で会ったモデルや芸能人、新しく店を出した知り合いのシェフ、店に入った瞬間にいつもの酒を出してくれる有名バーのオーナー、彼らが召喚する「すごい知り合い」は百花繚乱《りょうらん》で百鬼夜行、華やかイリュージョン。そんな幻想を支えるのは、話術と物資の配給。知り合いがすごい男のコミュニケーション能力は総じて高く、接待が多いためにこなれた飲食店情報もカンペキで、デート時の来店では店長から「いつもありがとうございます」の言葉を聞くことも日常茶飯事。仕事絡みで得られるサンプル商品などを配給することで「お土産男子」として女子の心をつかむことにも長けており、二重三重に幻術を張るやり手です。

ハマるターゲット層

- ミーハーで流行ものに弱い
- 選民意識やプライドが高く「特別」への憧れがある
- 「普通の人」はツマラナイ
- 他人から羨ましがられたい
- 感情ドリブンで突っ走り、後先は考えない

ターゲット層へのアプローチ

- 芸能人を「さん」「ちゃん」づけで呼ぶ
- 「ドラマ撮影現場に呼ぶよ」と職権濫用
- 「新作映画の試写会チケットあげるよ」と職権濫用
- 業界裏知識や芸能人小ネタなどでもてなす

とか『撮影でモデルさんが来てたけどやっぱり海外モデルは違うね』みたいな感じでめっちゃ語るから、私ではないかなーとも思うんだよね」

ぱ「地味にボディにくるね、それ」

「会話の360度全方位に『俺こんな仕事してるんだ』感があってさ……。こないだ彼の車でドライブしたんだけど、街なかを走ってる時『俺、都内の広告場所の値段ばっかり見てる仕事だから、街を見てるとお金に見えるんだよね』とか、行った先の海でも『ここ、今やってるCMの撮影地なんだよね。最近、景気あんまり良くないから国内撮影も増えてパッとしないけどね。あの時は5時集合でキツかったなー』とか。あと、イベントに行ったら『ここのイベント会社なんだろうね？ 人うまくさばけてなくない？ 俺こういうの心配になっちゃうんだよねー』とか。仕事100%って感じ」

ぱ「ある意味おもしろいっちゃおもしろいけど、今の時点でうーんと思うならやめとけば？ それ絶対、結婚したって変わらないよ」

「そうなんだよねー。でも正直、この年で独身高収入の男なんて希少価値が高すぎて損切りできないジレンマがある。悪い人じゃないし、別に嘘をついているわけじゃないし。仕事をしてる人はすごいし輝いてるって思うし。どうしようかな？」

ぱ「気持ちはわからないでもないけど、結婚したらずっとその生活だよ。ドライブの数時間どころの話じゃなくて、24時間365日彼の『俺はこの人と仕事して、撮影で』って話を聞くことになるんだよ。そこのところどーなん」

「確かに主語が『俺』と他人の名前とクライアント名なのはきついかも……。一応、私にも質問してくれるんだけど、途中で絶対に自分の話につなげるんだよね。あーうん、ぐだぐだ言ってたけど無理ってわかった。微妙だなって思いながらも、条件を見てたわ。私もダメだなー。ああ、もう婚活とか嫌だ……人を色眼鏡で見てしまう……人を見る目が曇る……」

ぱ「アラサーあるあるだよねー、わかるわかる。Dちゃんの言うとおり、疑問の種を無視するとロクなことにならないからやめたほうがいいと思います！」

「だよね。それとなくフェードアウトする！」


数日後。

「彼、合コン行った別の子と付き合い出してて、それとは別の子ともワンナイトしてたこと発覚！ 先に進まなくて良かったー」

ぱ「合コンでの大奥形成！ それは他にも女いるねー」

「そう思うー。付き合った子、後輩の年下女子で『合コンさしすせそ』を使いこなす超ミーハー猛禽女子なの。『私は広告代理店と結婚したいので、人格はどうでもいいです。別に浮気しようが結婚できればいい』って宣言する強い女だからお似合いかも。彼女のたくましさ、すごいわ」


損保会社の一般職。

長年付き合った彼と別れ、絶賛婚活中。

インタビュー

「最近デートしてる相手、ちょっと気になることがあるんだよね。合コンで出会った広告代理店の人なんだけど、すぐ他人の名前を出して、『こういう人とつながりがある』って示唆するんだよね。業界的にそんなものなのかなーって思って『すごいですねー』って言ってたけど、そろそろ疲れてきた」

ぱぷりこ(以下：ぱ)「なんと。例えば?」

「デートの時のお店とかいつも予約してくれてるし、お会計とかもスマートでありがたいんだけど、『あーここの店ね。知ってる。俺の知り合いがディレクションしてるんだよねー』とか『ここ、前クールのドラマ撮影で使ったんだよ、見たことある?』とか、そういうやつ」

ぱ「ああーーー人脈ありますってやつ?」

「そうそう。話がうまくて話題も豊富で流行も知っててさすがだなーと思うけど、なんかチャラい。すぐボディタッチしてくるし、デフォルトで腰に手を当ててくる感じ。遊んでそうだなーと思う。『俺こう見えてマジメだから』『結婚を意識し出してるからね』とかは言ってるけど」

ぱ「やだーなにそのチャラテンプレー。他には他には?」

「すっごい楽しそうだね。デートしてきた甲斐あったわ。あとは、彼の担当が消費財メーカーらしく、会う時に『これサンプルで申し訳ないけどあげるよ』っていつも化粧品をくれる。それはぶっちゃけうれしいし、ありがたいけど、『うちのクライアントは化粧品系だからPRで関わる女性はキレイな人ばかりで』」

あーここの店ね。知ってる。俺の知り合いがディレクションしてるんだよねー

知り合いがすごい男は、会社外の合コンやパーティー、異業種交流会によく出没します。「俺の知り合い」の話を「すごい……」と思わせるには、「相手の交友関係を知らない」「相手の業界も知らない」という知識グレーゾーンがないと成り立たないからです。

コミュニケーション能力が高い彼らは、飲み会などで場を盛り上げ、さまざまなコネクションを示唆《しさ》します。

男「そのネイルきれいだね、どこでやってるの？」
女「恵比寿のお店でやってもらってるの。会社から近いってだけなんだけど」
男「俺の知り合いが恵比寿でネイルサロンを経営してるから、お店にこだわりがないなら今度サービスしてもらえるように頼んどくよ」
女「え、本当？ うれしい！」

といった具合です。そのまま「じゃあ、連絡先を教えて」と連絡先交換、ついでにデートの約束もGETという美しいコンボを決めます。

彼のおかげでメリットを享受した女性は、「なにかお礼をしないと」という返礼の気持ちによりデートや飲み会を断らないため、話はトントン拍子に進みます。そしてデート先でももちろんイリュージョンで**すごい人召喚。**

「ここのオーナーとは知り合いで良くしてもらってるんだよね」

「こないだ○○さんとの接待で使ってさ。雰囲気が良かったからここにしたよ」

「ドラマの撮影でここを使ったんだよ。テレビで流れるから今度、見てみて」

「誰か」とのつながりがある店をチョイスして、きっちりと選択の基準と背景を伝えてきます。おいしいごはんを食べながらでもイリュージョンは止まりません。

「あの会社と仕事してるんだ？　俺の同期のクライアントだけど、あそこのマネージャーは葉巻を吸う人だからシガーバーに連れてくといいよ」

「化粧品、どこの使ってるの？　ここの製品だったらサンプルが会社に腐るほどあるから、今度あげるよ。オフレコだけど、次のＣＭはハリウッド女優を使うんだよね」

「接待ばっかりで疲れるよ。社長がめっちゃ飲む人だから、朝までとか当たり前でさ。でも今回の新商品のＰＲ、かなりの大口だからやりがいがあるよ」

「俺、クライアント、俺、マネージャー、俺、有名人、俺、VIP、俺、幹部、俺、モデル、俺、アイドル」と、**「俺」と「すごい他人」の間を高速で反復横跳び**し続けるため、だんだん残像が混じってきて「あれ、この人がすごい……？　誰がすごいの……？　やっぱりこの人……？」と惑わされたら、イリュージョン完了です。いちおう「君はどう？」と質問を投げかけますが、自分の話をする布石にすぎません。

キャリアを積んだ人や同業者なら「それ私のクライアントだけど」「あの人なら私も知ってるよ」といった迎撃行動を取れますが、まったくの別業界だったり、社会人経験が少ない若い女子は、目を輝かせながら「すごい！」「ステキ！」「憧れる！」「さ

すが！」と酔いしれて、「こんな人と一緒にいられたら自分も成長できるかも☆」「こんなステキなお店って初めて☆」と胸を高鳴らせて交際に発展します。

付き合い期

付き合い中でも知り合いがすごい男の基本姿勢はまったくブレません。「恋人」というVIPパスを手に入れたことで**より濃密な「俺の知り合い＆クライアント＆仕事」話**を聞くことができます。

彼の家で一緒にテレビを眺めていれば、CMが流れた瞬間に**「これ、俺の友達が撮影に関わってるんだよね」「あー、スポンサー変わったんだ」「7秒目以降が変えられてる。もったいないなー、前のほうが良かったのに。まああの会社、副社長がけっこう力あるからね。政治力で作品が微妙になるの、もったいないよなー」**と、随所に仕事の説明を入れてきます。芸能人を見て「あー○○ちゃん、この仕事とうとう決まったんだねー。事務所が力を入れてたからね」と**芸能人を友達のように語る**のも日常茶飯事。聞いてない。別にいい。CMスキップ機能はどこだ。

さらに街に出かけてデートをすれば**「俺、街並みが全部お金に見えるんだよねー」**とのお言葉。新しいタイプのARゲーム？　超高性能メガネデバイスでもつけているのかな？　もしかして私の彼氏はAI？　と思ってワクワクして聞いてみれば、「仕事で看板の値段を知ってるから、あれはいくら、これはいくらって、見るたびに金額換算しちゃうんだよね。いつでも仕事してる気分になる」と、**強制的に仕事の話に切り替わります。**聞いてないよ。

「付き合い」「接待」という名の飲み会や合コンも非常に多く、一緒にいる時にでもお構いなしに仕事の電話や休日対応が発生します。急な出張、急な接待、急な対応、急な呼び出し……と分単位で仕事に追われているため、「彼氏」になったからといって一緒に過ごす時間は増えません。**優先順位の最上位は常に「仕事」**です。

破綻の理由は大きく2つ。「女が疲れて終了」するか「知り合いがすごい男の浮気」パターンです。

「俺俺オラオラ俺俺オラオラ」話をキラキラした目で見る子は「すごい彼氏とキャッキャしたい」欲が強いため、彼らの仕事優先ぶりに我慢ができず、「なんで私が一番じゃないの⁉」とキレます。その結果はもちろん交際終了のお知らせ。改善はありません。意識のすり合わせもありません。

彼らの華やかさに憧れる年下女子やミーハー女子はいくらでもおり、超イージーモードで落とせるため、「彼女の代わりはいくらでもいる」というマインドから、男側が浮気を繰り返すパターンもど定番。彼らが求めているのは、「さすが」「知らなかった」「すごい」「センスいい」「尊敬する」の合コンさしすせそを駆使して自分を気分良くしてくれて、自分が好きな時に立ち寄ってもイヤな顔をせずに癒やしてくれる無料キャバ嬢です。彼女という名の任意の点Xは、常に代替可能です。

自尊心は仕事で満たせるし、女はいくらでも寄ってくるという自信から、時が経つと「俺がクライアントが知り合いがオーナーが」と言いながらさまよう「知り合いがすごいおじさん」に進化します。

「俺、メンヘラにばかり
好かれるんですよね」

めんへら-ほい-ほい-おとこ
〖menhera hoihoi otoko〗

メンヘラほいほい男

メンヘラほいほい男は、「女子に頼られる俺」という自己像を補強するため、依存傾向のある女子と付き合っては「メンヘラ」と呼ぶ男です。彼らは「面倒見がいい」「頼られる」「お兄さんみたい」という形容詞が大好物で、理由は「気持ち良く上の立場にいることができるから」。人を助けたい、誰かの支えになりたいという気持ちはいちおうあるのですが、それよりも「自分を裏切らない弱い立場の存在がほしい」「自分がいないと生きられない存在がいるとうれしい」という気持ちのほうがずっと強めです。彼らは「話を聞いてあげる俺」「支えてあげる俺」でいるために、メンヘラのトリルを奏でて「話を聞いてほしい子」「支えてほしい子」を召喚します。仲良くなる子や彼女は、人に頼りたい依存気味の女子ばかり。「連絡して」「どうせ私なんてブスだし」「私のこと好き？」と言われるほどに、彼らはニコニコしながら「どうしたの？」「そんなこと言わないで」「好きだよ」と返し、さらに依存させる行動を取ります。これだけなら「ラブ重めのカップル」ですが、メンヘラほいほい男は裏で「俺、メンヘラばっかり引くんだよねー」と、自分を頼る女子たちを「メンヘラ」と呼んで話のネタにしています。「メンヘラとよく付き合えるね」「優しいね」「まねできない」と言われたら「気持ちよく上の立場にいたい」という願望がさらに満たされるからです。

ハマるターゲット層

- 「お兄さん気質」の人が好き
- 自分に自信がなく、不安な気持ちを抱えている
- 相手の愛情を試す行動を取る
- LINEの連絡がないと不安
- よく泣き、よく叫ぶ

ターゲット層へのアプローチ

- お兄さん気質で、面倒見がいい
- 連絡が超マメ。LINEと一心同体
- どんなに長い話でも否定せずに聞いてあげる
- 「偉いね」「大丈夫」など、相手を励ます
- 「いつでも頼ってきてね」という門戸解放宣言

るのに、優しくしたり付き合ったりするってことですかそれ」

「まあ、そうなりますね。人のことを見捨てられないタイプだから、こういう子ばかり寄ってくるのかなって思います。本当は自立した女性が好きなんですけど、そういう子からは相手にされなくて、結局はメンヘラばっかりになるんですよね」

ぱ「自分が好きなタイプと自分に寄ってくるタイプが違うことは、男女ともにあると思いますが、もし自分に寄ってくる子を好きになれないなら、あまり相手にしないのがいいのでは？」

「でも僕の性格からして、それができないんですよ。それに『付き合って！』とか『私と今晩は一緒にいてほしい』とか女の子から求められると、むげにもできないというか。女性に恥をかかせちゃまずいかなと思って」

ぱ（でもでもだってキタコレ）「ほう、押し倒されるってこと？」

「これまでのほとんどの彼女はそうですね。自分から行ったことは人生で1回だけです」

ぱ「あらまあモテモテ。押し倒されたい男性からするとうらやましい話でしょうが、でも今の状態だと不満ってことなんです？」

「メンヘラはメンヘラじゃないですかー」

ぱ「いや、ごめんわからない。人を助けたいのでは」

「もちろん人の役に立ちたい気持ちはあるんですけど、いつもメンヘラばっかりなんで、メンヘラじゃない女性にも頼られたいんです」

ぱ「あれ、やっぱり頼られたいんですか」

「そりゃ、男ですし、頼られたらうれしいですよ。でも僕、基本的にモテないんで、そういう人とお近づきになってもいまいち心を開いてくれないんですよね」

ぱ「自立している女性は山ほど知ってるけど、そんなにすぐ相手に自分の内面を話したり、付き合ってもいない人にいきなり重い話をしようとしたりはしない気がしますけど。それこそ、そういうことをする人って、あなたが言うところのメンヘラ女子なのでは？ そういう行動を他タイプの女性に求めるのは無理がある気がします（っていうか、私が今ものすごく貴公に心を開きたくない気がマンマンです）」

「えーでも女の人って、愚痴を聞いてほしかったり共感してほしかったりするもんですよね？ 俺、そういうのだったらいくらでもできるし、頼ってほしいのに、なんでいつもメンヘラばっかりなんだろうっていうのが悩みなんですよ」

ぱ（だからなぜ頼られる前提なのだ？）「自分の好みのタイプには、自分からアプローチしたりしないんですか？」

「僕、別に話がうまいわけでもないし、中肉中背だし、顔もこれですし、年収が高いわけでもないから、最初から相手にされないんですよね……。だから自分から行く気力もなくって……。だからこそ、俺が話を聞くことで癒やされてくれる女性の方がいいなと思います」

ぱ（そうやって頼ってきた女子を貴公はメンヘラと呼んでいるのでは？？？ なにこの話のループ？？？）

その後、後輩男子から「すみません友人が自慢ばっかりして」と言われ、「あれは自慢だったのか！！！ ていうか男性はあれを自慢だと思うのか！！！ メンヘラこわーい優しいですねーって言わないとダメだったのか！！！」と目の中の丸太が取れる思いでした。その後、ほいほい氏は、恋愛と仕事に疲れてネコを飼う寸前だったバリキャリ女子に押し倒され、やっぱり彼女のことを「メンヘラ」と呼んでいたそうで。

元書店員の現役ライター。
後輩男子の友人。この会話が初会話。

インタビュー

メンヘラばっかり頼られるの、僕に問題があるのかなって

「僕、メンヘラ女子ばっかり引くんですよ」

ぱぷりこ(以下：ぱ)「メンヘラ。突然ぶっ込んできましたね？」

「いつも情緒が不安定な子に好かれるんです。面倒見がいいほうだし頼られるのは嫌いじゃないんですけど」

ぱ「ならウィン・ウィンでは？ ところでメンヘラって具体的にどんな子なんです？ リストカット？ オーバードーズ？ 死ぬ死ぬ詐欺？ 入院措置？ 自殺未遂？ どこを刺されたんですか？」

「いや、流血沙汰はないですね。深夜に連絡が来たり、LINE4～5スクロール分の超長文が送られてきたり、『仕事だから会えない』って言っても『今すぐ来て。今日に会えないなら別れる』って夜11時に来たりとか……。付き合う人もデートする人もだいたいそんな感じで、『今すぐ来て』『会いたい』『声が聞きたい』みたいな、せっぱつまった連絡をしてくるんですよね。高校の時にできた最初の彼女から、ずっとそうですね」

ぱ「あれ、思ってたメンヘラと違う。それ、メンヘラと言うより、ちょっと重い女とか恋愛依存気味の子、というイメージなんですが……」

「いやいや、これ見てくださいよー！（ここで突然のLINE画面）最近デートした子なんですけど、もうスタンプの嵐で連絡頻度が半端じゃないんですよ！」

（画面チェック）

ぱ「スタンプ連打は確かにしてるけど、あなたも返してますよね。コミュニケーションがきちんと成立してるように見えるし、別に嫌がってる様子がまったく見えない、と言うか、なんで平日の深夜２時台に５分内レスなんですか……」

「その日はたまたま原稿があって(笑)。いや僕、見捨てられなくて、連絡が来ると返してあげなきゃって思うんですよね」

ぱ「ならいいのでは？（２度目）頼られたいあなた、頼りたい彼女。円環の理……素晴らしいループ……世界平和……世はすべてこともなし……」

「いやーメンヘラですよ！？　頼られるのも、面倒を見るのもいいんですけど、メンヘラばっかりに頼られるのって、なんか僕に問題があるのかなって気がするんですよね」

ぱ「いや、ちょっと待って。そもそもメンヘラ女＝問題がある女という認識なのかな？ それとも『僕のかわいいパンプキン☆』『マイプレシャス☆』みたいに『僕のかわいいメンヘラ☆』という愛称として使っているの？ どっちですか？」

「ぱぷりこさん、あまりネットとか詳しくないんですかね。えーと、メンヘラっていうのはメンタルヘルスに問題がある人っていうネットスラングで、まあ一般的にはちょっと問題ありな子ってイメージですね」

ぱ（ネット？ 俺の隣で寝てるよ。っていうか常時接続ですが）「なるほどー？ 問題ありな子だと認識して↗

メンヘラほいほい男に出会った時の印象は「優しい」「穏やか」「面倒見がいい」人で、周りからそう紹介されることも多いです。彼らはそう見られる自分を自覚しており、「妹が2人いる長男なんで、お兄ちゃん気質で」「人の面倒を見ることが好き」「人に頼られるのが好き」「塾講師の仕事がすごく合ってた」「困っている人を放っておけない」「見捨てられない」「コーチングが趣味」と自己申告してくる傾向にあります。

ですが彼らからは「なにかあったら俺を呼べ！　なにがあっても駆けつける！」といった救助隊めいたパワーを感じません。無人島で火を起こしてくれそう感は皆無です。彼らの言う「頼ってほしい」は「俺に頼って……なんでも話してしまって……いいんだよ……そう、心の重荷をここに下ろして……

俺に頼ってくれればなんでもしてあげる……ありのままで……レットイットビー……」という、頭にキノコが1000本ぐらい生えそうなウェットな雰囲気。これは「人を助けて相手をハッピーにしたい」のではなく**「人に頼られて自分がハッピーになりたい」**気持ちがずっとずっと強いため。

もちろん、人を助けたり他者に貢献する行為には、「自分の存在価値を確かめる」意味が伴います。しかし、メンヘラほいほい男は自分への執着がズバ抜けて強く、**「頼られる俺」像を屹立《きつりつ》させるために「頼ってくる女」をワサワサかき集めます。**

そのため、「困っている人を放っておけない」「面倒を見たい」botとなった彼らが実際に構うのは、ストレスや不安にさらされて精神が不安定な女子ばかり。Twitter派は「ねむい」「つかれた」「もう仕事やだ。やめたい(泣)」とつぶやく女子アカウントに**「どうしたの?」**メンションを1分以内に飛ばしてDMに持ち込み、LINE派は「彼氏が返事くれないもう限界」「上司キライ……」という女子に**「俺でよければ愚痴っちゃって!」「どーしたの○○たん元気ないよ!」**と激しくモチベートして、5分以内レスを深夜帯まで続けます。「相談があるの」「話を聞いてほしいの」とオファーがくれば、深夜だろうが激務期だろうが隙間時間を見つけてケアします。断りません、無視しません。**24時間体制のコンシェルジュサービスが彼らのモットー。**

甘えたい、構われたい、自分のことをわかってほしいと思っている子たちは、共感してくれて、自分の意見を否定せず、「ひどいねそいつは！」と一緒に怒ってくれる上に、時間を無制限に割いてくれて**即レス（ここ重要）**なメンヘラほいほい男に「ちゃんと自分を見てくれている！」「安心の即レスで頼れる！」とトキメキます。

メンヘラほいほい男がめざすのは、**誰かに依存したい女子を、たっぷりと甘やかして依存させること。**なぜ依存させるのかと言えば、自分にすがってくる目下の存在がいることで安心でき、**「女に頼られ**

る男」としてのプライドが保てるから。彼らは、裏では「彼女、メンヘラだからさ（笑）」「メンヘラばっかり寄ってくるんだよね（笑）」と、自分に寄ってくる女性を「メンヘラ」と呼んで飲み会のネタにしています。自分がそう仕向けているにもかかわらず、です。その揶揄《やゆ》を含んだ口調から、メンヘラほいほい男は、自分に助けを求める女性たちを見下していることがわかります。

そしてもうひとつの理由は、女側からアプローチしてきてくれる可能性が高まるから。誰かに頼りたい子たちは、自分の感情を他人にぶつけることを躊躇《ちゅうちょ》せず、押し倒したり「付き合って」と言うことをためらいません。「女から求められる」ことを目指すメンヘラほいほい男にとってはサイコーの精神報酬です。いちゃいちゃしていざインサートの瞬間に「付き合わないとセックスしない」という決めゼリフでK.O.されるメンヘラほいほい男はめっちゃいます。

付き合う前からのコンシェルジュサービスは、もちろん恋人になってからも継続します。むしろ長期契約サービスになるため、コンシェルジュどころかもはや執事のよう。相手にコミットし、「俺には甘えて」「本当の自分を見せて」といったラブ言霊で、さらに相手の依存度を高めようとします。

彼女たちは彼らの献身的な態度を受けて「彼は私を裏切らない！……本当に？証拠を見せて」と、執事の忠誠心を確認するために、バベルの塔のごとく要求を積み上げます。

「仕事がつらいの……」と泣いた時はどう慰めるかケアマネ力を確認し、「今すぐ来てくれなきゃやだ」と機動力のテストにも余念がありません。「裏切らない彼氏」のテストを重ね、メンヘラほいほい男が応える……という高速ラリーによって、互いの欲求は満たされていきます。

これだけを見ると、ハッピー共依存カップルのように見えますが、メンヘラほいほい男は「彼女がメンヘラで」と言って周りに相談し、深夜2時のLINEや着信履歴を周囲の人間に見せて、影で裏切りを重ねます。

「メンヘラ相手によくここまでできるね」「優しいねー」と言われればニコニコして「そんなことないよ……」と恐縮してみせ、「別れたら？」「ムリムリ」と否定的なことを言われたら「いや俺、頼ってくる人を放っておけなくて」「一緒にいられるのは俺くらいだと思うから……」「俺、メンヘラの扱い、慣れてますから」とニコニコ。**相手のことを心配して助けようとしているわけでも、本気で依存的な彼女に嫌気がさして相談しているわけでもない**ところがポイントです。

彼らは自分を良く見せようとするので、「自分に依存する相手がいるって安心だよね」「精神的に弱い子がすがってくるのは気分がいいよ」と正直に話すことはまずありません。代わりに「頼られてさ」「見捨てられなくてさ」という「**心の美しい人助け」コーティングをして人に話します。**しかし、「メンヘラ」というキーワードを筆頭に、話す内容からは**見下しの霊圧**が漏れ出ており、「俺、メンヘラほいほいなんですよね」と言われた側は大変に疲弊します。

さらにSクラスになると、初対面の女性相手に「**俺、メンヘラほいほいなん**

ですよ」の告解から「深夜のLINE見せ」という王道テンプレをこなした上に、飲み会のあとに飲んだ相手のことを「彼女、メンヘラじゃない？ 俺が過去の女のことを話したら怒っちゃってさ。俺のこと、好きだったんだと思う。やっぱり俺、メンヘラばっかり引くんだよなー」と裏で言いふらす、というにわかには信じがたいウルトラS難度の技をキメてくれました。相手の女性が怒ったのは「付き合っていた女をメンヘラ（笑）扱いすること」に対してだったのですが、自分に反対する女性も全部「メンヘラ」と呼ぶこの構造、なにやら地獄めいている。

共依存でずるずる行きそうな組み合わせですが、彼女側からの唐突な別れの言葉で関係が終わるのが約束です。理由は「なんか違った」「他に好きな人ができた」あたりが王道です。

彼らが「自分が優位に立てて依存してくる相手」を求めているだけのように、彼女たちもまた「一時的に不安感を払拭《ふっしょく》してくれる男」を求めているだけ。そのため、自分に尽くしてくれた男がいることで安定する女側がさくっ

と卒業！　というシナリオです。

フラれたメンヘラ男はどうするかといえば、アンニュイな顔をしながら「彼女のわがままに疲れて……」「振り回されて……」「本当は俺がもっとしっかりしなきゃいけなかったんだけど、限界だったんだよね……」と自分がフったことにしたり、「メンヘラにフラれたんだけど（笑）」と笑い話にしたり、どちらにせよ自分が付き合った女たちに「メンヘラ」レッテルを貼り続けて、自分の物語に組み込みます。

自分が付き合った女たちや自分に寄ってくる女たちのことを、うれしそうに「メンヘラなんだけど」とディスる男たちは、メンヘラほいほい男を心に飼っていると言えます。

「あなたは僕の女神だよ」

ぼく-を-すくって-おとこ
〖boku wo sukutte otoko〗

僕を救って男

僕を救って男は、コンプレックスや悩みから自分を救ってくれる女性を探し求める男です。彼らは強いコンプレックスを持ち、「この苦しみから自分を救ってくれる女神」を求めてさまよいます。「お客様の中に、私を救ってくれる女神はいませんか？」「私はこんなコンプレックスを抱えてます。自分こそ救えると思う女性、ぜひ力をお貸しください」と出会いの場を渡り歩き、コンプレックスを解消できそうな知識や経験を持つ女性に出会うと「あなたは僕を救う女神だ」と信仰告白をして崇拝するところが特徴です。女神は基本的に多神教です。怖い女神もいっぱいいますし、アマテラス系なのかアフロディーテ系なのかカーリー系なのかでもだいぶ違うのですが、僕を救って男はそんなことにはお構いなし。「コンプレックスを解消してくれるスキルと能力を持っている女性＝女神」「女神は自分を笑顔で優しく救ってくれる」と強固に信仰しています。彼らが求める女神は、免罪符みたいなものです。買えば救われる、付き合えば救われる。だから「女性に救われる自分」と「救ってくれそうなスキルと能力」にしか興味を持っていません。人となりを見ておらず依存する気マンマンなのですが、頼られたり崇拝されたりすると、悪い気がしない人が多いのも事実。めずらしい知識や経験を持つ女性、クリエイティブ職など憧れの的となりやすい職業の女性は、こうした信仰告白を受けがちです。

ハマるターゲット層

- 専門技能を持っており、仕事ができる
- 「強い女」と思われることがコンプレックス
- 男性が見せる「弱さ」にキュンとくる
- 恋愛ではクズ男を引きがち
- 裏切られるのが怖い、傷つくのが怖い

ターゲット層へのアプローチ

- 傾聴力があり、質問がうまい
- 自分の弱さを見せることに抵抗がない
- 「あなたはすごい」と褒めまくる
- 一途で素直
- よく頼り、よく甘える

僕の人生のコーチになってほしい

インタビュー

外資企業バリキャリ。英語と専門技術を学ぶために社会人留学したことがある。

「この前、ベンチャー企業のCEOやCTOが中心の合コンに行ってきたんだ」

ぱぷりこ（以下：ぱ）「ああ、M美には合ってるんじゃない？ うちらみたいな女子校！ 自立！ 大和撫子像を粉塵爆破！ みたいな女は、コンサバ畑では生きられないから、テック畑みたいな方が合ってるよ」

「そうそう、ちょっと気になる人を見つけたんだー。でも、私が気になってる人とは別に、もうひとりの役員から付き合ってほしいと言われてですね……」

ぱ「ほう、没員。けっこう年上？」

「いやうちらと同じアラサー。ものすごく技術があるらしくて、若いうちからいろいろな企業の技術顧問をやったり、役員をやったりしてるらしい。作ってるものを見せてもらったけど、なんかすごかった。詳しいことは全然よくわかんないんだけどさ」

ぱ「へー自分の腕で食べてる人って素敵じゃん。そっちの人はいい感じじゃないの？」

「いや実は、『僕のコーチになってほしい』って言われてさ」

ぱ「コーチ。え、まさかいつもの仕事モードで、コーチングとかダイバーシティとかチームマネジメントの話とかしたの？」

「まさか！ 私の留学時代の話をしたんだよ。これからの時代を生き延びる上で英語は必須だと思うけど、長くコンプレックスだったから、会社を辞めて留学したって話。それをすごく褒めてくれて『僕もものすごく英語コンプレックスだけど、日本から出るのが怖くて一度も外に出たことがない。兄弟は英語ができるから、なおさらそれがコンプレックスで。僕には技術があるから英語なんか！ て思ってきたけど、今この年になると、技術以外なにもできなくて焦ってるんだ。だから、苦手な分野に挑戦してるあなたを尊敬する。付き合ってほしい。僕のコーチになってほしい』って」

ぱ「付き合ってほしい、までならわかるけど、コーチってなんの？ 英語？」

「人生だって」

ぱ「想像以上に重かった！ つーか、自分のトラウマやコンプレックスをたいして仲良くもない人にぶちまける人は地雷、というぱぷりこフレミングの法則があってだな……」

「ね！ びっくりしたわ。彼はとにかく新しいことに挑戦するのが怖いから、誰かに挑戦のコーチをしてほしいんだって。でも私、別にそういうプロじゃないし、リスク計算と逃げ道とシナリオＡＢＣを用意したら、あとはやるかやらないかの勇気だけだと思ってるから、それを教えるってイメージがわかないんだよね……」

ぱ「そうだね。コンプレックスを解消するならプロに頼めと思う。ものすごく頼りにされてるのはわかるけど、『彼女だからこれをして』って言われると、じゃーあなたは何をしてくれるの？て思っちゃうな」

「あ、なんかそーいえば言ってた。あなたはコーチなんだから、俺はなんでも言うことを聞くって。あと、年収は２０００万ぐらいあるから、好きなだけいろいろなものを買っていいって」

ぱ「金を持ってるならますますプロを雇って経済を回してほしいんだけどね？ なんで彼女ポジ限定なの？？？

しかしそれって恋人関係を金銭交換にするってことじゃん。キラキラ女子は目の色を変えて飛びつきそうだけど……M美に合うの？」

「いや、話しててわかったけどやっぱりムリ。私、パートナーとは対等な関係で、助け助けられる関係がいい。依存するのもされるのも好きじゃない。自分の足で立て！って思う。うん、やっぱり断るわ、ありがと！」


後日。

「ぱぷりこ、あの人生コーチの人、やっぱり断って良かった。なんか帰国子女や留学帰りの女全員に同じことを言ってるらしい。一緒に合コン行った友達の知り合いが付き合うことになったらしいよ」

ぱ「え、どんな子？ なんで彼に惹かれたの？」

「クズ男と不倫にハマってばっかりで疲れてるバリキャリ女子。『自分がいなければどうにもならない状態にしたい。もう不安になりたくない』だそうです」

ぱ「なるほどー！ そこにハマるのか、なるほどー！」

なるほどｂｏｔになりました。

僕を救って男との出会いは、会社以外の合コンやパーティーで出会うか、同窓会というパターンが多いです。

彼らはプライド山男とは真逆のタイプで、「男のプライド」臭をほとんど感じさせません。女性の学歴や年収が高くてもドン引きせずに、むしろ「すごいね！ もっと聞かせて！」と目をキラキラさせながら聞いてきます。

仕事で男性と対等に働いているにもかかわらず、恋愛畑ではいきなり「俺を立ててくれー、俺をすごいと褒めてくれー」というプレッシャーを感じて疲れ果てているバリキャリや高学歴女子にとって、自分にドン引きしないどころか活躍を認めてくれる男性は砂漠のオアシス。仕事や知識、スキルやキャ

リアの話をどんどんします。

この時、僕を救って男が持つコンプレックス・トラウマ関係の話が出てきたら、**僕を救って男の信仰告白スイッチがオン！**

「僕は失敗が怖くて新しい挑戦ができないコンプレックスがある。だから僕のコーチになって、挑戦できるようにしてほしい」

「弟の嫁はあなたのような聡明な女性で、弟は**彼女に救われた**って言ってた。僕と弟はよく似てるから、僕にもあなたのようなロジカルな女性が必要なんだ。付き合ってほしい」

「俺は写真家になろうとして諦めた。プロになれるほどの実力がなかったし。だからすごく平凡**コンプレックス**なんだ。君は写真を仕事にしていてすごい。尊敬する。俺にとっては雲の上の人だよ。付き合ってほしい。俺、クリエイターの子と付き合うのが夢だったんだ」

信仰告白は「**自分のトラウマ**」＋「**君の持つスキルは素晴らしい**」＋

「付き合って自分のコンプレックスを解消してほしい」がワンセットになっているところがポイントです。彼らは**相手の人柄ではなく、「相手の持つスキル」に恋をしており、**ぶっちゃけそのスキルを持っている人なら誰でもよく、さらには「付き合うことによって相手のスキルや知識を自分に取り込める」というドレイン系妖怪じみた前提に立っています。

スキルに恋して付き合いたいと思うことはよくあることだし、「なりたい自分像を相手に投影して求める」のが恋愛の醍醐《だいご》味《み》だとも思うのですが、僕を救って男の場合は**「コンプレックスを他人の力で解消したいです！ 依存しまあす！」**と宣言しているも同じ。堂々としすぎ。良くも悪くも素直すぎ。

「自立！ 独立！」をモットーとしている女性なら「自分のコンプレックスは自分で埋めろ☆」と打ち返しますが、種類は違えど似たコンプレックスを抱えている女性、褒められなれていない女性、疲れていて子犬のような存在が欲しい女性は、「僕を救って」という素直すぎる告白に心を揺り動かされ、付き合い始めることに。

僕を救って男は、**「本当に俺の彼女はすごい」「素晴らしい」と甘々なラブ言霊**を繰り出し、甘えてきます。その姿はさながら大型犬。日々の仕事で神経をすり減らし、5秒に1回は「ハワイに行きたい」とつぶやいているバリキャリ女子、日々「女らしくしろ」「かわいくない女」「強い女こえー」といううんコメントを投げつけられて傷ついている女性たちは、「自分の強さを認めてくれるか弱い存在」が愛しくてたまらなくなるようです。

一方で、信仰告白の要であった「コンプレックス解消」のミッションははかどりません。恋人になったからといって魂が融合するわけではないし、自分のコンプレックスは自分で戦わないと浄化されないのでトーゼンですが、僕を救って男は**「救ってほしい」と受け身で依存する気マンマン**の上、**「付き合えば救われる」と謎に楽観的**なので、憑依《ひょうい》されてどんどん肩と首が重くなっていく彼女が後を絶ちません。

マジメなバリキャリはこの状態にどう対応するのか。2つのパターンが考えられます。まず、マジメに僕を救って男を救おうとする場合。あれこれ世話を焼こうとすると

「怖いよできないよ……」「もう少ししてからでいい？」と甘えてくるのでイライラすることに。「私の言うことを聞くんじゃなかったの!? もう別れる！」と修羅場になれば、僕を救って男はうろたえて「そんなことを言わないで。あなたに捨てられたら生きていけない。ちゃんとするから。俺、頑張るから。だから捨てないで」とウルウルの瞳で懇願します。ここで「女が君臨して男がひれ伏す格差関係」が生まれます。女性側はイライラしながらも、スイートな男にほだされてズブズブと関係を長引かせます。

もうひとつのパターンは、救いはそっちのけで「いいのよ、あなたはできなくて。コンプレックスを抱えたあなたも愛してる」「君は本当にダメな男ね。でもそこが好きよ」と、すべてを受け止めるグレートマザー化です。こうなる女子は過去に恋愛で傷ついてきたことが多く、「裏切らない相手が欲しい。自分がいないと生きていけない人が欲しい」と思っています。そのため、甘えてくる男をズブズブに甘やかし、家事も身の回りの世話も全部やり、自分から離れられないように仕込みます。いわゆる「**ダメンズの世話を焼く女**」**化**です。

破綻期

破綻は「**女が疲れて教祖終了**」するか「**僕を救って男の浮気**」のパターンがメジャーどころです。

男女問わず、依存する気マンマンでもたれかかってくる人と付き合うのは疲れます。もともと恋愛や仕事に疲れて癒やしを求めていたバリキャリは、最初は自分を慕う子犬のような男に癒やされて満足感を覚えますが、やがて重みやストレスに絶えきれず、どこかでプツンと切れるようです。また、結婚適齢期に来た時に「この人と結婚するの？

できるの？」となってハッと我に返る子もいます。

「僕を救って男の浮気」もまた予測しやすい結末です。僕を救って男は「自分のコンプレックスを解消してくれる女」に惚れる習性があります。そのため、現在の彼女よりもよりふさわしいスキルや経験を持っている女性がいたら「あの人なら今度こそ僕を救ってくれるかもしれない」とあっさりスイッチングしてしまいます。ちょっと待て！と首ねっこをつかんでシベリア送りしたくなりますが、良くも悪くも自分の欲望にとことん忠実で素直な人たちです。この素直さが魅力でもあるのですが、仇《あだ》にもなります。「これだけ尽くしたのに浮気された……！私はなんだったの……!?」と呆然とする女性の被害報告をいくつか聞いております。お気の毒です。

なお、救済がうまくいくとそのまま幸せゴールインすることもあります。マッチングするとトコトンうまく行くけれど、マッチングするまでが大変なのが「僕を救って男」と言えるでしょう。

「母さんはやってくれたのに」

第二のママ錬成術師

だい-に-の-まま-れんせい-じゅつ-し
〖dai ni no mama rensei-jutsu-shi〗

第二のママ錬成術師は、自分の彼女に「ママと同化してほしい」と望む男です。皆さんご存知のとおり、「人」という漢字は、マザコン男がママにもたれかかってできています。彼らの特徴は下記の3つ。

☞ 判断基準=ママ。「ママがこう言った」「ママはこうだった」が中心で自分で決めない
☞ 自分と恋人間の事柄にママを介入させ、相手を言いくるめる根拠としてママを利用する
☞「ママのようになってほしい」と願い、相手の人格を認めない

彼らはママ神を奉る祭司であり、ママの魂と彼女の魂を融合させることをもくろむマッドサイエンティストです。彼らの得意技は「僕のママは最高で、ママほど素晴らしい女性はいない」「君も（ママほどではないが）素晴らしい」「だから君も僕のママみたいになってほしい」という超展開の三段回し蹴り論法。見た目はおっとりとしたお坊っちゃんですが、中身は中世プラハの錬金術師なので、魂の合成をキラキラした目で推し進めようとしてきます。彼らの信条は「すべての女性はママになれる」。このピュアさが彼らの武器です。危なさしか感じない第二のママ錬成術師ですが、ぱっと見は「女性の活躍を尊ぶ心優しい男性」「親孝行息子」そのもの。彼らは自分のお世話をしてくれる第二のママを求めるため、仕事ができるバリキャリや姐御《あねご》肌の女性、年上女性などがうっかりハマり「しっかり彼女×ダメンズ」カップルが爆誕します。

ハマるターゲット層

- 社畜生活が板についている
- 男尊女卑な男性との恋愛に疲れている
- 焦り・疲れから結婚願望が強い
- 姐御肌で面倒見がいい
- 親・上司・後輩から求められると断れない

ターゲット層へのアプローチ

- 働く女性を尊敬する
- 仕事の成果や実績に興味を示して褒めまくる
- 全身から育ちの良さを放出している
- 結婚願望・理想の家庭像をよく口にする

ゴミを捨てろってなんで？母はやってくれたのに

インタビュー

フリーのWebデザイナー。納期前は徹夜ざんまい。

「ちょっと聞いてよ！　彼氏がマザコンだったんだけど！」

ぱぷりこ（以下：ぱ）「ほう。マザコン。噂に聞く、あのマザコンですか。つい数か月前、『同棲するんだー』ってラブラブのろけ報告を聞いたばかりだよね。一緒に住んだらいろいろ見えてきた感じ？」

「そうなの！　実家暮らしが長いのは知ってたけど、転勤で寮暮らししてたっていうから大丈夫だと思ったら、とんだ計算違いだよ！」

ぱ「家事がまったくできないってこと？　家事分担とか全然なし？」

「99・9999%私がやってる。彼はゴミ出しするくらい？　暮らしてみてびっくりしたんだけど、炊飯器で米をたけないし、洗濯機で洗濯できないの！」

ぱ「え、ごめん、意味がわからないのだが。石油王かなにかなの？」

「普通の中流家庭のひとり息子。全部お母さんがやってたんだって」

ぱ「いやいや、寮暮らしの時は洗濯するでしょ。全部クリーニングに出す貴族？　それとも服は1回しか着ないで捨てる部族？」

「寮でも洗濯しなくて、実家に着用済みの服を送って、洗濯してもらって、送り返してもらっていたという筋金入りよ……。しかも実家に送るのは着払い。そんな細かいところまで親頼り。だから白物家電の知識は皆無で、米は水を3倍入れてたし、洗剤と柔軟剤の違いがわかってなくて柔軟剤オンリーで洗濯したり。なぜなぜオンパレードだよ。しかも私が22時ぐらいに帰った時も開口一番に『ごはんはー？』ですよ！　帰るの遅いって言ったじゃん！　スーパーが開いてる時間に惣菜とか買ってきといてよ！　って思うんだけど、言ってもやらないから諦めた」

ぱ「それは放っておいたらいいのでは……？」

「いやなんか、すっごく当たり前のことを聞く口調で『え、なんで朝ごはんを用意してくれてないの？』『シャツのアイロンがけしてくれてないの？』と言うから、あれ？　そういうものなのかな？って思っちゃったんだよね……。それに料理はスキルが必要だから、教えるのも面倒くさくてパーッとやっちゃってた」

ぱ「まあ、自分でやったほうが早いからね。っていうかいつもそれで他人の仕事を抱え込んでより忙しくなるループにハマってなかったけ」、

「そーつい自分でやっちゃうの、癖なんだよね……。人に任せるの苦手。まあ、ごはんを作れないのは最初からわかってて付き合ったからいいんだよ。でも、それだけじゃないの。彼、食べ終わったお菓子の袋をそのままにするんだよね。自分で捨ててよってなるじゃない？ 彼に言ったの。『食べたあとのゴミはちゃんと捨てて』って。小学生かよって感じでイヤだけど、言うじゃん？ なんて言ったと思う？ 彼」

ぱ「え――……ホモサピエンスたるもの自分の足で立て自立しろって育てられた私には想像の範疇を超えている……『うるさいなー』とか？」

「『え、母さんだったらやってくれるのに』っていったのよ！ 信じられる!? 30歳にもなろうという男の！ 言い訳が!! 『母はやってくれた』ー！！」

ぱ「それはヤバイ!! 『え、なんで呼吸しないの？ 酸素おいしいのに』みたいなピュアッピュアな質問ぶりが想像以上に地獄!! 同棲前にヤバい兆候はなかったの？」

「あった。あったけど『親思いなのかな』って流してた。同棲前に彼の実家へ挨拶に行ったんだよね。お母さんは料理好きらしく、料理も手作りのお菓子も大変おいしかった。それはいい。だけど、帰り道に『母さんの料理は最高だから、君も習ってみたら？』『母親みたいな女性がいる家庭にしたい』『母と仲良くできそうで良かった』とか言われた……」

ぱ「なぜ！ そこで！ 気がつかなかった！ フラグばっしばし立ってるじゃん！」

「ハイ……本当に返す言葉もないんだけどさ……実際に料理はおいしかったし、『親と仲良くする未来』を話すって、思いっきり結婚前提じゃない？ 彼、出会った当初から『こういう家庭にしたい』とか結婚をほのめかすことを言うから『ここでキメないと！』って焦ってたんだよね。それに『自立した女性で素敵だ』ってすごく褒めてくれるから、彼の期待に応えなきゃ、て思ってたのもある。私もお母さんみたいなカンペキな家庭にしなきゃ！って謎に努力しようって頑張っちゃったんだよね――もう本当にバカ―――――」

ぱ「そうか……そうか……。まぁムリってわかったのは良かったんじゃない……？」

「いやごめん、ここからなの……。私がもうムリ！ ってなったのはね、彼がお母さんに合鍵を渡して、私たちが仕事でいない留守中に、勝手にお母さんに掃除させてたことが判明したからなんだよね。片付けはまぁまぁしてくれるなーとか思ってたらまさかの出張母！ ハウスキーピング母！ 体調不良で早退して帰ったら家に彼母が……ってホラーでしょ!?」

ぱ「昼ドラみたい――！ もちろん、無断で合鍵を渡してたんだよね？」

「ええ、もちろん。もちろんですよ。愛想笑いでお母さんにお帰りいただき、夜帰ってきた彼と大ゲンカだよね。なんで勝手にそんなことするの？ って言ったら『将来一緒に暮らすようになるんだからこれぐらい』『君は母さんの思いやりを無視するの？』『そもそも母さんが言ったことが間違ってたことない』『君の誕生日プレゼントも母さんが選んで成功だった。喜んでたよね？』『君は母さんのような素敵な女性だと思ったのに心が狭い』とかまぁ、出るわ出るわで青ざめて、友達の家に泊まらせてもらったわよ……」

ぱ「わー感動するくらいのテンプレっぷり。さすが……っていうか、まじで早く引っ越し先を見つけて同棲を解消しよう」

「そうする……なんかこう、ネッシーみたいなのを見た気分だよ。本当にいるんだ、勉強になりましたって感じ。結婚したい願望が強いと目が曇るわ……気をつける……」

よしよし、と頭をなでてワインナイトとなりました。

マザコンというと、5秒に1回は「ママ」という単語を発するママbotというイメージが強いですが、第二のママ錬成術師は**「マザコン認定1級！　純粋培養のオーガニック認証！」**と叫びたくなるほどわかりやすくはありません。付き合い出すまでは「母親」というキーワードをむしろ出さないから厄介です。アラサーで「理由もないのに実家暮らし」だったらまだわかりやすいですが、第二のママ錬成術師は寮暮らしだったり、ひとり暮らしだったりもするので、**見分けるのは容易ではありません。**

初期段階で初対面での印象は「**穏やかで結婚向きの人**」です。母親と仲が良いからか、女性に対して物腰が柔らかいタイプが多く、大半の女性がときめかずにはおれない**必殺技「共感」**を身につけています。男尊女卑めいた言動をせず、仕事をしている女性を「かっこいい」と褒め称え、**「年下よりも年上の女性が好き」「自分の意見をしっかり持っていて働いている人が好き」**と、バリキャリ勢が泣いて喜ぶラブ言霊を繰り出します。

男性陣からのマウンティングやウエメセにほとほと疲れているバリキャリ陣営が、物腰が柔らかく、自分の仕事に好意的なコメントを寄せる彼らにときめくのは宇宙の理。見た目や服装が清潔で、飲み物をこぼしたらスッとハンカチを出してくれる紳士的な態度、言うことはありません。こぎれいな外見はもちろんママによる服チョイス、ママによるコーディネート、ママによるアイロンがけというママ総合プロデュースの結果ですが、出会った時は気づきません。

第二のママ錬成術師は、女性のモチベーションを上げることがとにかく上手です。「料理は自分でする?」と聞いたとしたら「実は恥ずかしながら、あまり

できないんだよね。ひとりだとつい出来合いのものばかりになって。不健康だからやめたいと思ってる。あなたが料理が上手なの、うらやましいな。尊敬するよ。今度、食べさせてほしい」といった感じです。こんなことを言われたら、**食べさせたくなっちゃいます、結婚生活までうっかり妄想しちゃいます。**こんな感じで第二のママ錬成術師は、仕事や恋愛に疲れて癒やしを求める女性、結婚願望が強まっている女性の心をわしづかみしていきます。

付き合い期

さあさあ夢のお付き合いが始まったよ！　ときゃっふー喜ぶ期間は短く儚《はかな》いもの。お互いの家を行き来して**「生活」を見ていくうちに、おやおや危険スメル。**

ひとり暮らしの家に行ってみれば家の中は終末論、なんてことはザラ。もとから第二のママ錬成術師は「家事が得意じゃない」と先手を打っているため、彼女陣は「ある程度は自分がやらなきゃ、頑張ろう」と覚悟を持って付き合い始めています。しかし、第二のママ錬成術師は、彼女たちの想像をはるかに超える**「圧倒的できなさ」を見せつけます。**さらに厄介なのが「ある時は異常に汚く、ある時は異常にきれい」

という場合。彼がやっているのかな？　それとも妖精さんのしわざかな？　と思いきや、**定期的にママが家事サービスをしていた、**なんて事例もあります。

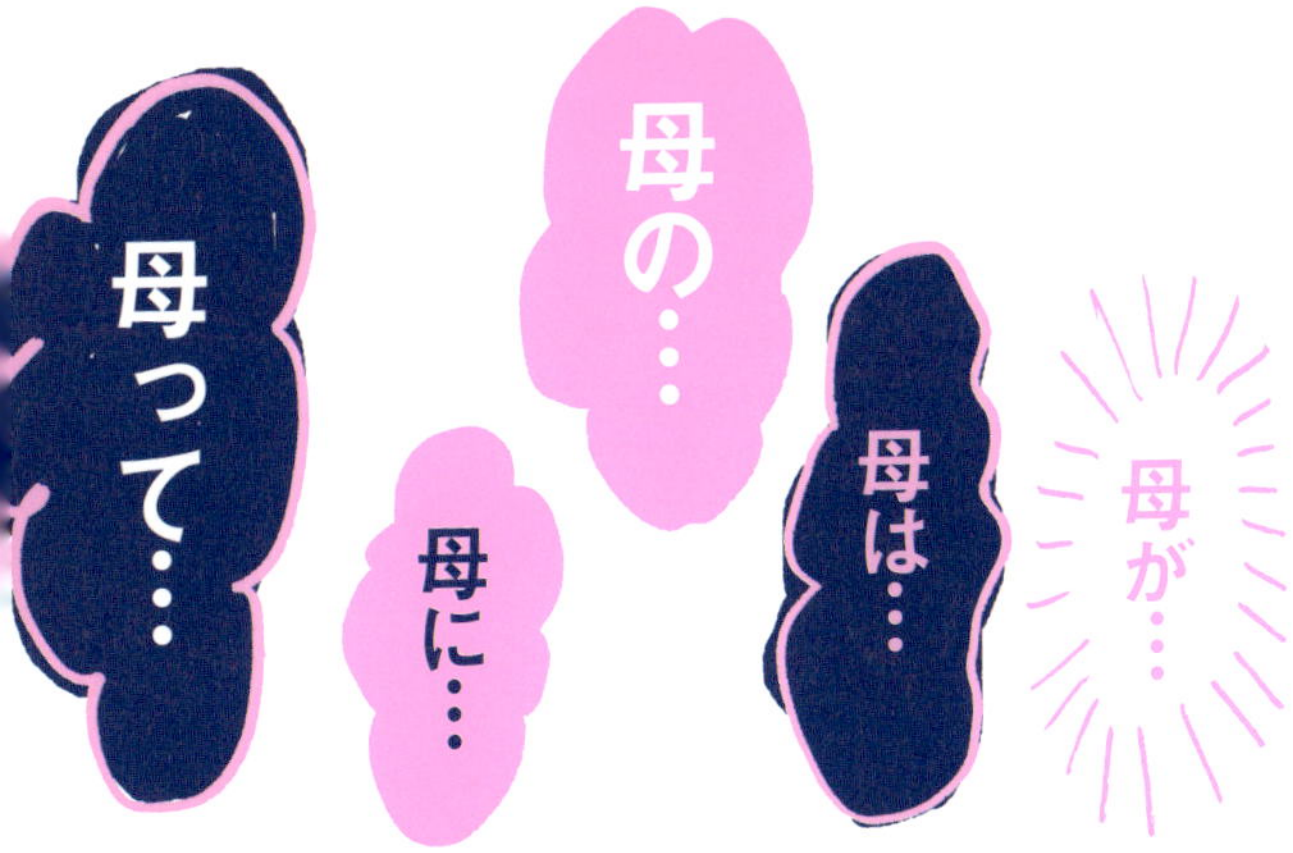

しかし、こんな疑問は序の口。第二のママ錬成術師は**「彼女＝身内の女性＝第二のママ」**と認識するため、意気揚々と彼女をママ神と融合させようとします。彼らが繰り出す「第二のママ」錬成の呪文を見てみましょう。

「掃除って毎日するものじゃないの？　**母は**いつも朝5時に起きて掃除してたよ？」

「え、シャツにアイロンをかけてくれないの？　**母さんは**いつもやってくれたのに」

「帰宅に合わせてお風呂を入れてくれてないの？　なんで？　**母は**そういうところ、すごくちゃんとしてたんだけど」

「栄養士の**母が**、1週間に必要な栄養バランス表を作ってくれたんだよ。すごくない？　今度から食事はこれに従って作ってね」

澄んだくもりのない瞳で、さも当然といったふうに「なぜ君はできないの？　母はやってくれたけど」と**母親と比較したダメ出し**が入ります。彼らにとっては**「女性に生活のお世話をしてもらうのは当たり前」**なので、ダメ出しだとすら思っていないところがこれまた地獄感。

「いやいやいや、ママって専業主婦でしょ？　私は働いているんだけど？」「なんでできないのって言うお前がなぜできない⁉」としか思えない言動ですが、あまりにも当然のように求められると、人は「できてない自分が悪いのでは？」と考えてしまいがち。

さらにバリキャリ勢は日ごろ「改善！　成長！　PDCAサイクル！」と努力しており、「仕事ばかりしている自分はダメなのかもしれない」というコンプレックスを抱えているため、疑問をねじ伏せて「もっと頑張らなきゃ」となぜか言いなりになろうとしてしまいます。

ちゃんとやれば第二のママ錬成術師は喜び、「やっぱりあなたは素晴らしい女性だ」と褒め称えるのですが、これは「また一歩ママに近づいたね！」というマッドサイエンティストの喜びです。けっして、彼女本人を褒めたわけではありません。ですが、毒された彼女勢は「私、自分のことしか考えて生活してこなかったけど、こういうのもいいんじゃないかな……」「人の役に立つってうれしいね」とロマンポエム麻薬をキメて、さらにズルズルと「彼が理想とする第二のママ」を体現しようとします。

破綻期

彼女側が「私は私！ ママじゃない！ こんな男はママに返品！」とすっぱりきっぱり別れを切り出して終了のお知らせです。第二のママ錬成術師は「なんで!? なにが悪かったの!?」と慌てふためきますが、最後までピュアッピュアなあたりが問題の根深さを思わせます。

第二のママ錬成術師にとって**母親は絶対神**であり、**自分を包み込ん**

でくれる揺りかごです。彼らは自分が母の言いなりで母に依存していることを自覚しておらず、それが問題だとは考えていません。「母のようにふるまえない」女性側に問題があると心の底から思っているので、改善の見込みはナッシング！

しかし、関係が長引くパターンもあります。「結婚願望が強く、結婚したい気持ちが強いため、目の前のことに目をつむる」パターンです。付き合い期に生まれる「私が頑張れば」という気持ちがずるずると続くと別れを切り出せず、「一緒にいられるし」「いいところがあるし」「癒やされるし」と関係を続け、第二のママとして依存ウマウマされます。

また「結婚したら変わってくれるかも」という、イベントによる劇的な改善を夢見る人もいますが、就職やひとり暮らしでも変わらなかった男たちが結婚ぐらいで変わるはずがありません。

尽くしても尽くしてもしょせんは「第二のママ」にすぎず、本当のママにはずっと勝てません。マッドサイエンティストはママ錬成の夢を見続けるので、付き合っていたら他人の人生を押しつけられます。塵《ちり》は塵へ、ママ男はママのもとへ帰すのが適切です。

no. 14

「君だってわかってるはずだ。
自分が常識では収まらないって」

君は見どころがあるね男

きみ-は-みどころ-が-ある-ね-おとこ
〖kimi wa midokoro ga aru ne otoko〗

「君は見所があるね男」は、能力や名声でファン女子を引き寄せて「ファン食い」する男です。特技は「言霊プロパガンダ」。金や顔面や体ではなく、言葉で女を落とします。人の心をつかむため、心理学や説得、交渉テクニックを多用してくるところが特徴です。作家、ライター、ミュージシャン、舞台役者、作詞家、映画監督などの表現者、あるいは芸能プロダクションやモデル事務所、雑誌編集者、イベント会社など表現する場を作る人が一般的ですが、近年ではニコニコ動画の歌い手、プロブロガー、ユーチューバー、インスタグラマー、コスプレイヤー、アルファツイッタラーなども「君は見どころがあるね男」と化します。外見は「どこにでもいる普通の男性」ですが、女性が途切れず、コミュニティー内では「いつも違う若い女を連れている」「目を合わせると妊娠する」といった噂が飛び交っています。しかしそんな黒い噂にも負けず、同時並行で何人もの若い女性と性的な関係を持てるため、週刊誌や情報商材では「夢を与える」ともてはやされます。

ハマるターゲット層

- 他人より秀でていたい、目立ちたい
- 自己表現をして仕事をしたい（している）
- 自分が普通なのではないかという恐れがある
- 才能ある人が好き。普通の人はつまらない

ターゲット層へのアプローチ

- 社会・コミュニティー内で高い名声を誇る
- 迷いのない断定口調で話す
- 目力がやたら強い。目をそらさずに話してくる
- 相手をよく観察し「君は○○だよね」と指摘する
- 自分の弱さやコンプレックスもさらけ出す

助けて？っていう甘えが見える』って言われちゃって……」

ぱ「お、おう、いきなりキツいな？？？」

「ううん、そのとおりなの。だからもう動揺して泣き出しちゃったんだよね。『君はショックを受けたね？それは君が賢いってことだ。だからもっと自信を持っていい』って言ってくれた。しかも、彼も昔、私みたいにずっとくすぶってたんだって。だから私のことを見てると昔の自分を見てる気持ちになるから、つい放っとけなくてキツいことを言ってしまった、って」

ぱ「なんか、褒めて落として褒めて共感って、手法がもろ教祖っぽいんだけど大丈夫？」

「教祖どころじゃないよ、彼は神だよ……。私は気が強いし負けず嫌いだから、初対面の人の前で泣いたことなんて1回もなかったのに。こんな私ともちゃんと話してくれるし、全部わかっちゃってるし、なんかもうこれまで会ったどの男の人とも違うんだよ……」

「うん、わかった。彼がすごいし大好きなのはわかった。あまり崇拝しすぎないようにね？のめり込みすぎると沼に落ちちゃうぞー」

後日。

ぱ「そいや最近はどう？」

「うん……実はあまり仕事がはかどらなくて……」

ぱ「あちゃー激務だもんね。どしたの？」

「えーとね、仕事っていうか、恋愛がゴタゴタしてて仕事にも身が入らないっていうか……」

ぱ「あれ、彼氏ととうとう別れちゃったん？」

「いや、うーん……うーん、彼とは別れてないんだけど……彼じゃなくて……今、別の人と会ってるんだよね……定期的に……っていうか、相手はKさんで……」

ぱ「わーーーーーーーーー！やっぱりそっち方面に行ったんだーーーーーーーー！だから沼に落ちるなって言ったのに！！！」

「どうしようぱぷりこー！初めは軽い気持ちで記念セックスのつもりだったのに、すごい人たちと一緒の飲み会にも呼ばれるようになってそのあとホテルって流れが定番化しちゃって！私も飲み会に呼ばれた恩があるから断れないし、彼氏と全然違って、縛られて言葉責めとかされるからやばくて！でも私にこういうことしてるってことは他にも似たような女がいるってことだと思ったら、もう仕事が手につかなくなって、毎日彼のTwitterとメッセンジャーのオンラインチェックをしてるの！どうしよう！？」

ぱ「今すぐ物理遮断！もう会わないようにしなよ！」

「無理だよーーーーーーー！うちの業界のトップクラスのクリエイターだよ！？彼に嫌われたら仕事できない！でも同業の女の子を見てると、この人もKさんと付き合ってるのかとか考えちゃってヤーバーイーーー」

その後どうにもならず、ずるずると続け、「生理が来ない>教祖に報告>俺の子じゃなくて別の男のでしょ？そんな女とはもう関係を持てない」とブロックされたことで目が覚めたようです(生理が来ないのは結局ネトストしすぎのストレス過多だった)。

美術大学出身で、広告業界で働くバリキャリ。
とにかくテンションが高い。

インタビュー

「聞いて！ 超超超憧れだった脚本家のKさんが来てる飲み会に参加できた！ サインももらった！ めちゃくちゃうれしい!」

ぱぷりこ(以下：ぱ)「よかったじゃん！ Y香、学生の頃からファンだったもんね。おめでとー！ どうだった？ イメージどおりだった?」

「イメージをはるかに超えてたよ！ 私がこの前に担当したエキシビジョンのことを話したら、作りが丁寧だって褒めてくれた！ そんなに大きい仕事じゃなかったのに知っててくれてマジ感動したーーー。あの時の会話、全部録音しておけばよかったーーーー」

ぱ「いいねいいね、いろいろ話せた?」

「話しすぎちゃったくらいだよー。すごい不思議な人で、なんでも話しちゃいたくなるオーラがあるんだよね。最初は仕事の話だったんだけど『君は自分のことを普通で平凡だと思ってる。でも今の現状には退屈してる』とか『君は甘えているだけだ。挑戦することを怖がってる。臆病で自分を守りたがってる。だからくすぶってる。そうだろう?』って指摘されて、なんで会って間もない私のことをそんなに当てられるのかって鳥肌が立っちゃった。自分が見ないようにしてきたものをカンペキに見透かされてた」

ぱ「おお、でもそういうことを言ってくれるって、Y香に才能があるからってことじゃない?」

「そうそう！『君はそんなところに収まる子じゃない、君には見どころがある』って言ってくれたの！ どうしよう、今の会社に不満はないけど、実はもっと大きいことにチャレンジしたいと思ってたんだよね。ていうか、広告よりも本当は自分がものづくりをして認められたいってことに気づかされちゃった」

ぱ「ああ、そういえば昔から作品を作って自己表現したいって言ってたもんね。プロにはやっぱりわかるのかねー」

「仕事だけじゃなくて、恋愛相談もしちゃったんだよね。Kさんの次回脚本が恋愛モノだから、君の恋愛話を聞きたいって。で、さっきの話であまりに言い当てられたからなんかこの人には自分をぶつけたいって思っちゃって、今の彼氏とうまくいってないこととか、穏やかだけどトキメキがないとか、このままこうやってただのOLとして結婚して仕事して死んでいく不安みたいなことを全部ぶつけて、『Kさんみたいになりたいんです』って言っちゃったんだよ。そしたら、『君は、好意を見せて人を思いどおりに動かそうとする癖があるね。これだけ慕ってるんだからいいでしょ？』

君はショックを受けたね？
それは君が賢いってことだ

仕事関連の飲み会やパーティー、ファン交流会、オフ会などで「業界で有名な男とファンの女」の出会いは生まれます。

「この子、お前のファンなんだってよ。話してあげてよ」という紹介ケースもあれば、「ずっとファンでした！　作品もブログもＴｗｉｔｔｅｒも全部見てます！18時間前にポストされていたあの言葉、感動しました！」と女側がアプローチするケースもあります。

このように君は見どころがあるね男は、自分からアプローチしなくても女性が自動的に目の前に現れるシステムを確立させています。ナンパ師や遊び人ご用達の「数撃ちゃ当たる」戦略は取らず、メンヘラほいほい男と同じように「自分から積極的なアプローチはせず、自分に寄ってくる女性をつまみ食いする」戦略をとります。効率厨としては「わかるーそっちのほうがコンバージョン率が高いし、離脱率は低いし、ロイヤリティーあるしー。それにコンプレックス持ちは、特定の女性層の共感をわしづかみするしー」と、彼らの生存戦略の巧みさにうならずにはおれません。

彼らの武器は「クリエイティビティー」「オリジナリティー」「アーティスティックな感性」といった、経済力や顔面、筋肉以外の魅力です。これらの魅力に惹かれる女性は「自分も彼のようにクリエイティブになりたい」「作品で認められたい」「個性を生かしたい」「何者かになりたい」という思いを抱えています。そんな女性陣のニーズを、君は見どころがあるね男は的確に見抜き、秘孔をついてきます。

「まだ未熟だけどこれから伸びる。俺が保証するよ」

「君は同世代の男に飽き飽きしてるんじゃない？ それは君が悪いんじゃない。男が君に嫉妬してるんだ」

「どうしてそんなところにいるの？　君がいるべきところはそこじゃない、世界だ（指で向こう側をさしながら）」

このようなラブ言霊が、**認めてほしい欲をクリティカルヒット。**もちろん本気でそう思っているなら何の問題もないのですが、君は見どころがあるね男は**「こうすれば女は簡単に落ちる」と確信を持ってやっている**ため、実際は見どころがなくても言いまくり☆

さらに彼らは**「ちょいディスして動揺させ、慰めて信頼感を増す」「コンプレックスを示して共感」**というテクニックを使って畳み掛けてきます。

「ちょいディス」は、相手の心理に揺さぶりをかけることで自分を意識させるテクニックで、いわゆる**「言霊タイプの壁ドン」**です。褒めて女子の気持ちをアゲたところで、一気にけなして動揺させ、さらにそこから慰めて寄り添うマッチポンプ手法です。女性が泣き出したらパーフェクト。圧倒的勝利です。つまりは放火と消火を同時にこなすネオ放火魔なだけなんですが、女性たちは放火よりも消火のほうに気を取られ、「この人は信頼できる！　私のことをなんでもわかっている！」と信仰心が爆上がり。伝統的なマインドコントロールの手法ですね。

「コンプレックスを開示して共感」は、「俺はすごい男なんだけど、かつては君と同じだったんだ」と示すことで、「この人は私の気持ちをわかってくれる」という**共感**と、「このすごい人が昔、同じように悩んでいたなら、私もいつかこうなれるかも」という**ドリーム**を与える、バリュー高めの方法です。

「君は生きづらいってよく言われるだろう。わかるよ、俺も同じだったから」
「俺はいじめられてモテないことがコンプレックスだった。でも今はその負の力を創造力へ変えている。だから君もできる」
「君と俺は同じだよ、だから放っておけないんだ」

「承認欲求を満たす＋けなして慰めるマッチポンプ

手法＋コンプレックス開示で共感」という三連コンボは強力です。特に「けなしフェーズ」の時に怒らない女性は、君は見どころがあるね男の射程距離に入っています。失礼なことを言われた時に怒らない女性は、その後のリアル壁ドンも拒否しないからです。

さらに「俺、手相を見られるんだよね。見てあげよっか？」を入れてきますが、これは「触らせる女かどうか」を見極める、訪問販売やナンパの鉄板テクニックです。人間は触ったものに愛着を感じる性質のため、お触りオーケーかどうかは、相手を落とす重要な判断軸。

いけそう？ いけそうだね？ と思ったらそのままホテルへゴー。

会って1回から3回の間に体の関係を持つことが一般的です。

もともと「教祖とファン」という関係のため、なかなか対等なお付き合いには至りません。ほぼ「時々会って食事とセックスをする関係」に収まります。ファン女子は「こんなチャンスはもうないかも」「自分には彼氏がいるから平気」「私はドライだから平気」といった軽い気持ちで踏み込みますが、もともと好きで崇拝していた対象とセックスしてしまったら、ハマってしまうのは銀河の理です。あっという間に他の愛人女子の存在が気になって世界中が敵に見える、ネストを繰り返す、重い女に思われたくなくて泣きそうな笑顔で我慢、と闇落ちフェーズに突入します。

君は見どころがあるね男と一緒にいると、会員制バーから始まり、有名人との会食やご自宅訪問など、普通ではできない経験をバンバンするため、「今の彼氏じゃ物足りない」「普通の男ってなんでこんなにつまらないんだろう？ あの人はそうじゃなかった」と、刺激中毒も発症しがち。

また一部の女性はグレートマザー化して「確かに彼は何十人もの若い女と寝てい

る。けど、それがなに？　彼のことを一番わかっているのは私。あの人の弱さを知っているのは私」と、すべてを受け止める方向へ向かいます。こちら方面は「愛人歴10年」といったベテラン愛人へ続く花道です。

破綻期

君は見どころがあるね男は、自分を崇拝する女性ストックを何人も抱えているため、基本的には「来るものは拒まず去るものは追わず」方針です。そのため、彼らから別れを切り出すことはほとんどありません。君は見どころがあるね男が飽きて自然フェードアウトか、女性側から関係を絶つか、の2択です。

君は見どころがあるね男が言う「君」は何十人もいて、自分はその中のひとりにすぎない、とファン女子が気づいた時、関係は終わります。なかには「妊娠」という重量級案件に突入する女性もいますが、君は見どころがあるね男は過去に似たことを何回も経験しており、だいたいは「別の男でしょ？　俺には関係ない」と否認するか、認知はするが籍は入れないの2択で、責任を取って結婚するケースはマレです。

君は見どころがあるね男は、良くも悪くも寝た女性に執着がありません。自分が見どころを見出したはずの女性の名前を覚えていないこともよくあります。「彼女は巣立ったんだ」「俺を踏み台にしてくれていいんだ」「俺を棒として使って、生きづらさを解消してくれたんなら本望だよ」と、中学校の卒業式に涙ぐむ担任教師のようなことをポエミーに語ります。な、に、を、美談にしてるんだ！！！と鼻の穴に三角フラスコを突っ込みたくもなりますが、「なんでもビューティフルストーリーに仕立て上げる」能力があるからこそ、ああいう仕事ができるんだ……と妙に周りを納得させるタイプの妖怪です。

「明後日からハワイに行くんだけど
一緒に来る？」

港区の男

みなと-く-の-おとこ
〖minato-ku no otoko〗

港区の男は、「港区」に拠点を構え、経営者や業界人、有名人として活動する男です。ここで言う港区は、東京都港区そのものではなく、札束でなぐり合う修羅の国「港区」です。この国では、年収1000万円以下の男、読者モデルレベルの美貌がない女には、ビザと人権が与えられません。国境をくぐるとそこは資本主義経済と弱肉強食のルールのみが通用する戦場で、札束とシャンパンの雨が降り、人脈が火を噴き、名声と美貌のじゅうたん爆撃がくり広げられるため、対抗できる戦闘力がないと5分も生き延びられません。なかでも六本木・麻布十番・西麻布は「港区のバミューダトライアングル」と呼ばれており、S級の港区の男と港区女子が夜な夜な跋扈《ばっこ》する、正真正銘の魔窟です。港区の男は、同業の経営者や業界人だけではなく、読者モデルやモデル、グラビアアイドル、アナウンサー、芸能人との交流も盛んです。彼らは金と美を等価交換する世界に生きており、恋愛は「より市場価値の高い女を手に入れた俺」というステータスを補強するオマケ扱い。そのため、女の価値を「美」と「いかに自分の仕事や生活を邪魔しないか」に置きがちです。

ハマるターゲット層

- **金持ち・業界人・有名人とのパーティーが好き**
- **きらびやかな世界に憧れを持っている**
- **読者モデルをしている、芸能活動に縁がある**
- **ミーハーで華やかなものを好み、ブランド好き**
- **女子会が好きで、同調圧力に流される**

ターゲット層へのアプローチ

- **資本主義経済の強者として、金で頬をはたく**
- **シャンパン！　パーティー！クルージング！**
- **ミシュラン、隠れ家、会員制バーに連れ回す**
- **がんがん口説き、がんがんアプローチする**

俺とのじゃんけんに勝ったらこのオメがあげるよ

インタビュー

有名女子大卒、大手企業秘書、読者モデル、元ミスコン経験者。実家暮らしお嬢様。

「もう私、金持ち経営者とか本当にイヤ……」

ぱぷりこ（以下：ぱ）「どうしたのいきなり。30歳までに年収が最低1000万円ない人とは結婚できないって言ってたのに。昔、メーカーの波氏にそう言って『うちの会社じゃムリだから……』ってへこまれてたよね。あれはごめんちょっと笑った」

「世間知らずだったんだよ！ 今はもうそんなの求めてないよー。こないだも港区に住んでる経営者のホームパーティーに呼ばれたから行ったけど、あの世界はギラギラしすぎてて超怖い」

ぱ「出た！ 港区！ 私はあの手のマッチョ人種が苦手だけど、M美は男らしく引っぱってってくれる人が好きっていってたじゃない。そんなにダメだったっけ？」

「昔はね。私は仕事をそれほどバリバリやってるわけじゃないから、相手の年収が高いにこしたことはないって思ってたんだ。あと読モ関係の誘いはだいたい金持ちとの飲み会だし。でもピンとこない」

ぱ「ピンとこないってどこらへんが？」

「私は大人しく見られるからギラ男によく好かれるんだけど、ずっと女子校で『自立！』という空気の中で生活してきたから、男にあれしろこれしろって要求されることが本当にムリだって気がついた……。ずっと自分はM、上から言われると『きゃー☆』とかって思ってたんだけど、そんな従順な女ではなかった……。私、気になると『それっておかしくない？』『なんでそうなるの？』とか言っちゃうんだけど、そうすると相手が『は？』みたいな顔をするんだよね」

ぱ「出た、女子校の基本マインド！ そーだよねーわかる」

「最初は『お嬢様って感じで好き』とか言ってきた人に『思ってたのと違った』と言われることが多発してさ。前彼もベンチャー経営者だったじゃない？ 育ちが似てたし、私のこと好きって言ってたし、結婚を考えてるって言われたから付き合ったのに、最終的に『まだ結婚したいとは思わない。会社は今が勝負時だから、←

会社以上に大事だと思えるものはない』とか言い出して。しかも浮気してたし、ムリムリ」

ぱ「あー、やっぱり浮気してたんだ。ていうか、その人のことを好きだったの？」

「どうなんだろう……、年収と『結婚』というワードに飛びついた感がある」

ぱ「結婚が目的になると、人は目が曇るよね。うーん、M美ってもともとインドア派のおうち大好きっ子じゃん。周りの子が華やかでバブリーな生活してるからそれに流されてるっていう部分はない？」

「めっちゃある！ ミスコンも読モも、たまたま声をかけられたから続けちゃっただけで、興味あったかというとそうでもない……。周りは超キラキラで、『パパいます』とか『家賃を出してもらってます』みたいな子がめっちゃいる。毎日Instagramに写真を上げたり、ミシュランめぐりしてたり。私、SNSに興味ないからまったく続かないし、外を歩くよりおうちにいたい……。だけど、『この子たちと同じことを楽しまなきゃ』みたいに思い込んでたのかも」

ぱ「別に彼女たちと友達付き合いするのは問題ないと思うけど、自分の価値観を確認しないで無理に染まろうとすると、息ができなくなるよね。波女たちがM美の人生をどうにかしてくれるわけでもないし。モテても港区の男が嫌いなら、そこにいても無駄of無駄だよね」

「私、お酒を飲まないから飲み会だって楽しくないし……。初対面なのに『じゃー次ハワイいく？』とか『俺とのじゃんけんに勝ったらこのオメガあげるよ』とか言われる世界は、求めるものと違う。あとどいつもこいつも浮気しすぎ！ 仕事第一すぎてやばいのと、金で解決しようとしすぎる。うん！ 私もう港区に出入りするのやめる！ もっとちゃんと自分に合う人について考える！」

ぱ「よし！ 決めた時が一番モチベーションが高いから、今から婚活のスケジュールを決めよう！ まず現状の棚卸をして、どんな人がいいか定義しよ！ 条件の優先順位づけをして、マスト条件を決めたら、該当する相手がいそうな場所をピックアップして、出会う母数を増やしてコンバージョン率を上げていこう！」

「そういうキーワードをふんだんにちりばめないで……元彼を思い出すから……」

「スミマセン」ちょっと反省しました。

「知り合いの経営者がホームパーティーやるから来てくれない？」

港区の男には、修羅の国の民が開催するホームパーティーに参加することで出会えます。このパーティのインビテーションは、港区の男とつながりのあるパーティーガールやモデル、読者モデルといったキラキラ女子たちから舞いこみます。修羅の国「港区」は完全紹介制の秘密の国のため、人脈をたどって入国するしかありません。

「港区」旅行に出かけると、そこにいるのは「ＩＴ企業経営」や「不動産会社経営」、「人材派遣会社経営」などの「経営者」を名乗る男たち。メディアに頻繁に出ている有名経営者の周りには、**「スゴーーーーイ」と褒め称える華やかな女子たちが衛星のごとく周りを囲んでいます。**「英雄色を好む」という言葉を体現するがごとく、彼らは自分の**金と地位をフル活用**し、**若い美女を多く囲います。**シュッ

シュ☆シュラシュラ☆シュッシュ☆シュラシュラ☆とひとりの男の周りを華やかな女たちが囲んで踊る姿は、さながらインド映画のよう。

港区の男にとってホームパーティーは、BP（美女ポイント・ビューティフルポイント）の高い女をどれだけ多く周りにはべらせているかを見せ合うカードゲームであり、BPが高い女をスカウトするハントゲームです。

「そんないけすかない人間に惚れるわけなくない？」と思うかもしれませんが、彼らは独力で会社を起こし、成功させ、従業員を従え、社会的地位を築いている成功者。自信に満ちあふれ、業績を切《せっ》磋《さ》琢《たく》磨《ま》して高めることにまい進し

ており、豊富な知識や持論、夢を持っています。彼らは仕事に情熱を燃やしているため、仕事や人生の話になるとマジメに話し出します。

「君は何がやりたいの？　自分の道は自分でしか選べないんだから、目標を持って生きなきゃだめだ」

「俺はこの仕事を通して日本や世界を変えていきたいと思っている。これが俺の天職だ」

バーキンね。この前、手に入ったんだよね。あげよっか

「今度、○○の社長にプレゼンするんだよね。うちは小さなベンチャーだけど、この分野で特許を持っているから、協業してほしいって言われてる」

海外が好きなんだね。来週からハワイに行くんだけど、一緒に来る？

仕掛り中の新規事業、将来の夢、自分のバックグラウンド……「夢《ドリーム》」を確固たる意志をもって語る姿は輝いています。ここで、夢を語る男、リーダーシップのある男を好む女たちが陥落。経営者ですか

ら、Aプランのみで口説くなどという愚行は犯しません。夢語りという精神攻撃が効きにくい女性陣にはBプラン「物理攻撃」。物理とはなにかって？ もちろん**札束**ですよ。

マネーマネー。

「海外が好きなんだね。来週からハワイに行くんだけど、一緒に来る？」

「バーキンね。この前、手に入ったんだよね。あげるよ」

「家が遠いなら、もっと近くに住めばいいよ。俺のマンション、部屋が空いてるよ」

うなる財力を使い、常識を外れた大盤振る舞いを「呼吸と同じ」という顔をしてやってのけます。これまで経験したことのない豪遊ぶりに、ミーハーな子は大はしゃぎ☆「こんなことをしてもらっちゃっていいのかな……？」と最初はためらっ

ていた子も、「これが普通だからさ」「俺に恥をかかせないで」「ひとり増えるくらいじゃ何も変わらないから」という港区の男の価値観に飲まれ、飲み会や個別のデートを繰り返すうち、タクシー代・ミシュラン・海外旅行は当たり前、家賃をもらうのも当たり前、ショーミーザマネー！という修羅の国「港区」の価値観に感染していきます。

港区の男は、肺呼吸する資本主義。すべての物事を「投資に対する対価」で考えるので、恋愛では「ひとりの女にコミットするなんてメリットがない」というスタンスをとります。圧倒的な女性の供給過多により、女の価値がジンバブエ・ドル並みに暴落していること、仕事第一で他の存在に手間も時間もかけていられないことが理由です。

彼らは毎晩、違うお気に入りの子をピックアップしてはお持ち帰りする生活を繰り返し、仲間の経営者勢にめでたいことがあればお気に入り女子を貸与することも。「友人の退院祝いに女の子をホテルに3人送っておいた。病み上がりだから少なめにしたけど、どうせ他の奴らも同じことをするからちょうどいい」なーんて話を普通にしてきます。シュッシュ☆シュラシュラ☆

「家事？ ハウスキーピングを入れたらいいし、別に料理能力は評価対象じゃないでしょ」

「専業主婦って意味あるの？ なんで俺の金で生きるの？ 怠慢な制度だよね」

「子供が欲しいとならない限り、結婚のメリットがあるとは思えない」

と語る港区の男たちですが、自分にとってメリットがあれば付き合います。彼らにとってのメリットとは「より良い女を手に入れた俺」というステータス向上です。絶世の美女で、自分の自由を完璧に保障し、欲はなく、決して怒らず、いつも静かに笑っている、そんな女がいれば、彼らは彼女ポジションを明け渡します。


彼女に選ばれるのは、港区の男と同じ「金と美を等価交換して社会ステータスを上げましょう」という契約美女か、徹底的に男に尽くして邪魔をしないプロ彼女かのどちらかが王道です。

「本命彼女」というポジションを手に入れても安心はできません。港区の男が「より良い女」を見つければ秒速スイッチングすることはわかりきっているため、**彼への徹底的な忠誠とコミットを示さなければなりません。**また男側も日常的に「**いかに自分に尽くし、コミットしているか**」をテストする傾向があります。**対価には対価を、**というルールにのっとり、彼女ポジションにふさわしいメリットをどれだけ示し続けられるかが、付き合いを続けるポイントになります。

破綻期

一見「金と美貌の等価交換」で成り立っているように見える港区カポーが破綻する3大要因がこちら。

- 港区の男の浮気や遊びに女側がついていけなくなる
- 港区の男の、感情の機微を理解しない「**資本主義サイコー**」な価値観に女側がついていけなくなる

・港区の男が「将来を考えられない」「こいつじゃない」と思って別れる

ケタ外れの年収や名声に支えられている港区の男の生活や価値観は特殊なため、ついていけなくなった女性が音を上げることが圧倒的に多いです。戦って成果を出し、金と名誉という価値が増える前提の資産（減ることももちろんありますが）を持つ男に対して、女は「美と若さ」という時間経過により価値が減る資産を提示して契約を成立させています。言ってみれば「契約時が最も男女が対等でいる絶頂」なので、時が経てば経つほど、男女の関係には格差が開いていきます。

下の立場に置かれ「選ばれるための我慢」が実を結ぶかもわからない日々に彼女が疲れ、限界が来て破綻します。

「与えられる生活が当たり前」と自意識を肥大化させていく彼女に、港区の男が愛想を尽かすパターンもあります。もともと修羅の国のルールに染まっていない点が魅力だったのに、すっかり「港区」化してしまったために「お前も他の女と同じ銭ゲバか」と失望されてサヨウナラ、という結末です。

非常に特殊なＴＯＫＹＯ魔窟の恋愛なので、知らないでいることが吉ですが、一度知ってしまうと**「湯水のごとく与えられる贅沢」**が忘れられずにさまよう港区ゾンビ女子になる恐れがあります。行きはヨイヨイ、帰りはゾンビ。死して屍《しかばね》拾うものなし。なむなむ。

no. 16

「お前って本当にバカだよなー（笑）」

ディスり芸人

でぃすり-げい-にん
〖dis ri geinin〗

ディスり芸人は、冗談でいじっているふうに見せながら空から降り注ぐ1億のディスを繰り出し、自尊心をじわじわ削ってくるモラハラ男です。モラハラ男と言っても種類はさまざま。どなる、キレる、ルンバを踏みにじる、ウォッカ瓶を壁に投げつけるなど、暴発する怒りと攻撃性で支配するタイプ。ギリギリの生活費しか渡さずに残りの出費はすべて申請制（2回に1回は稟《りん》議《ぎ》が通らない）というディストピア小説ばりの経済制裁で支配するタイプ。「泣くのやめてくれる？ 感情は殺すべき。人間には理性だけあればいい」といった超論理を使って人を混乱させて支配するタイプ。モラハラ商会はこのように、細分化した消費者の好みに合わせて多様なバリエーションのモラハラ男を揃えてきておりますが、ディスり芸人は「モラハラっぽくないモラハラでじわじわと相手を支配するタイプ」にカテゴライズされます。彼らは、自分のモラハラをマイルドな「いじり」に見せるフィールド療法を発動し、相手が不快感を示した瞬間にリバースカード「お前が悪い」を発動。「冗談が通じないやつだなー（笑）」「なに本気になってるのー（笑）」という言霊により、不快感を表明した側は「冗談が通じない人」「本気になっているイタい人」というステータス異常のレッテルを貼られ、「あれ、私が悪いのかな？」と疑問を抱き、JP（自尊心ポイント）をゴリッと失います。

ハマるターゲット層	ターゲット層へのアプローチ
・いじられたい、構われたい ・人見知りで、自分から話しかけられない ・人に嫌われるのがとても怖い ・自分の感情や怒りを出すことが苦手 ・「自分はダメだ」と思っている、自信がない	・自称「いじりキャラ」 ・初心者やぼっちに構い、話しかける ・語尾に（笑）をつけながらいじる（笑）

いで、家に帰ってから掃除できなくて、どんどん部屋が汚くなっちゃうんだよね。毎日、疲れがどうしても取れなくて朝もギリギリまで起きられないから、朝食も作れなくなってきてて……」

ぱ「いや、彼が家事をやればいいのでは。えーとちょっと待って、彼が仕事を辞めろと言ってるの？ 自分の意思で辞めたいの？」

「どっちもかな……彼からも、どうせこんなに家を汚くするレベルの人間は仕事ができないんだから、辞めても同じって言われてて。でも、私は仕事ができないからどこにも再就職先がないって……だから辞めるかどうか悩んでる。でも、彼にものすごく負担をかけてしまっていて、もう心苦しくて死にそうなの。ぱぷりこ、仕事ができない人間ができる仕事ってなんかないかな？」

ぱ「いやいやいやいや質問するところ、そこじゃない、そこじゃない。えと、前に会った時から気になってたんだけど、彼の発言ってモラハラなのでは？」

「モラハラ……じゃないと思う。別になぐったりとかキレて怒鳴ったりとかしないし。それに今回は、自分の家なのにちゃんとしていない私が悪いんだし、彼はちゃんと指摘してくれてるし我慢もしてくれてるから」

ぱ「殴るのはれっきとしたDVだし、どなるだけがモラハラじゃないよ！ 今はまだそれぐらいと思ってるかもしれないけど、エスカレートする可能性あるよ。っていうか、この前に会った時もずっとIちゃんのことをバカにしてたじゃん。冗談めかして言ってるけど、目がまったく笑ってないから怖いと思ったよ。Iちゃんは私の中で、すごく英語が得意なかっこいい子だから、あんなにバカにされるのショックだよ」

「そんなこと全然ないんだよ、本当に私はダメなんだよ……無理してただけなの、高校生の時は。あの時はまだ自分はいけるかもって思ってたけど今はもう、自分はダメだって知ってるんだよ。ぱぷりこが知ってるのは嘘の私なんだよ。お姉ちゃんと同じ年になっても、私はまだこんな仕事で終電まで帰れないし、外資なのに英語だってあまり使えてない。彼に言われなくても、自分がダメだってことは一番よく知ってる。だから彼は正しい指摘をしてるよ」

ぱ「Iちゃんのお姉ちゃんってハーバード大学院を主席で卒業して、そのままアメリカで研究職になったような人でしょ!? 彼女と比べたら誰でもイモだよポテトだよ！ 比べる対象が極端すぎるし、そもそも誰かと自分を比べて、自分をダメって評価しないで。Iちゃんがこんなにやつれてるのに、彼の言うことはおかしいよ！」

「ありがとう。でも、できるって言われる方が苦しい。彼にダメだって指摘されると安心する。ああ、やっぱりそうなんだって納得できる」

ぱ「NOーーーーーーー!!!!!」

この後、ディスり芸人と結婚するかしないかのところまで来て、先方の借金＋浮気というダメ男テンプレが発覚し、破談になりました。今、彼女は英語の先生をしています。

外資系保険の営業職。帰国子女で英語が鬼得意。
姉コンプレックスがある。

インタビュー

お前みたいなやつと一緒にいる俺に感謝しろよ〜(笑)

ぱ「あれ、Iちゃん!? こんなところで会うなんて偶然ー!」

「久しぶりー! うんー仕事とか実はいろいろあって……あ、そうだこの人は……(一緒にいる男性の方を向く)」

「なんだよ俺を無視してー(笑)。まじで気が利かないんですけど(笑)」

「ごめんねごめんね。えと、今お付き合いしているD君です」

「なんだよお世話していただいているご主人様って言えよー(笑)。ははっ(笑)。ジョーダンだって(笑)。どーも、こいつがお世話になってます(笑)」

ぱ「こんにちは、ぱぷりこです。Iちゃんと同じ高校に通っていて、英語のクラスが同じだったんですよ」

「そうなんすねーこんなバカ女と付き合ってて大変じゃなかったすか?(笑)」

ぱ(ゴファッ!!?)「い、いえ、バカどころかむしろIちゃんはうちの学年でずば抜けて英語の成績が良かったので、助けてもらいまくってましたよ」

「へー(笑)。ウケる(笑)」

ぱ(私はまったくウケませんが)

「つーかお前(笑)。なんでそういうこと言わないんだよ? 嘘ばっかだなー(笑)。ほんと一二重人格なんじゃねーの(笑)。俺の学歴が低いから?(笑)。ムカつくー(笑)。なんか疎外感ー(笑)」

「もう昔の話だから。今は英語なんて全部忘れちゃったよ。じゃ、じゃーね、ぱぷりこ。もう映画の時間だから」

ぱ「う、うん、またねー同窓会でねー」

半年後、同窓会で再会したIと話をすることに。

ぱ「あ、Iちゃん久しぶりーちょっと前にばったり会った以来だね! ……ていうか、見るからにやつれてるけど大丈夫?」

「うん、仕事が忙しすぎて、毎日ほぼ終電帰り。……で、辞めようかと思ってる」

ぱ「あー、まあ、体を壊したら大変だもんね」

「いや、私が家事できないから、彼に申し訳なくて。今、すごく我慢してもらってて、これ以上は彼に迷惑かけられない」

ぱ「!?!?!?!? 家事???をするために辞めるの??? 家事代行業にジョブチェンジって意味じゃないよね? え、彼は一緒に住んでるの?」

「彼が私の家に泊まってるんだけど、私が体力がないせ↗

ディスり芸人はコミュニティーの中ではいわゆる「いじりキャラ」ポジションにいます。ディスり芸人はコミュニティー内で評価がわかれます。体育会系出身で「先輩のキツいいじり」に慣れていて「これも愛情」と思っている後輩陣からは慕われるけれど、女性からは「ウザみがひどい」「あのウエメセなんなの？下界に降りてこいや」と言われることもしばしば。一方で、人見知りで自分から人に話しかけられない子、「いじられキャラ」として自分の居場所を見つけたい子からは「自分をいじってくれる人＝いい人」として見られます。

ディスり芸人の「いじり」スタイルは「冗談風に相手をけなす」こと。「お前、本当にバカだなー（笑）」「頭蓋骨の中、空洞なんじゃね？（笑）」「つっかえねー（笑）もうお前に頼まねーわ（笑）」といったディスを、語尾に（笑）をつけて冗談風に言うことで、言葉が持つ攻撃性をマイルドに見せかけて「愛のあるいじり」に偽装しようとします。

もちろん私だって笑顔で毒を吐くことはありますし、ブラックユーモアも大好きですし、親友どもから「ほんとうにひどい」「バカなの？死ぬの？」と100万回ぐらい言われていますし、言われてちょっとキュンとしちゃう自分もいます。でもそれは「彼女たちが本気で私を貶《おとし》めようとしているわけではない」とわかっているから。それにディスりの1億倍ぐらい、私のことを理解して認めて褒めて心配してくれるので、自尊心は削れません。

しかし、ディスり芸人は違います。**彼らのディスりは本気です。**ディスっているとき、彼らの口角は上がっていますが目が笑っていません。そして相手を褒めません。「へーバカなのに頑張ったんだ**（笑）**」「ラッキーだったな、今回**（笑）**」と言うのがせいぜい。**失敗は「お前のせい」、成功は「たまたま」というのが基本スタンス**です。**相手が自分より優れているところも認めようとしません。**自分が認められな

い事柄は「ウケる(笑)」で押し流します。

ディスり芸人の行動は「自分は上に立っていたい」「自分より下の人間を見て安心したい」という自信のなさの表れです。見下し精神を隠し切れない演技力の低さ、皆から嫌われたくないという小心者ぶりが合わさった結果が「冗談風に相手をけなす」になります。

彼らは基本、「けなす」ベースのコミュニケーションスタイルしか取れません。年上の人や強そうな男性には「自虐キャラ」、年下の人や気が弱そうな女性には「いじりキャラ」と使い分けるものの、「上下関係をつけずにはいられない」点では同じです。そのため、人によって印象と評価がだいぶ違う、という現象が起きます。

ディスり芸人は、彼らのディスり芸を「ウザい」と感じる女たちからは相手にされません。そのため必然的にいじってほしい子、気が弱くて反論できない子、「自分なんか……」と思っている子が受け皿になります。

付き合い期

ディスり芸人は**空から降り注ぐ1億のディス**を繰り返すことが特徴なので、付き合っている間もそれは続きます。というか、がんがんエスカレートします。「こいつは俺と付き合った！ 安全神話！」となると気が緩み、もっと本音をぶつけたくなるのでしょう。彼らは**「自分の中に渦巻く怒りや愚痴をぶちまけるサンドバッグが欲しい」**と思っているので、言う内容がどんどん過激で攻撃的になっていきます。

最初は「いじり」と思っていた彼女勢もさすがに「あれ？ なんで？」とショックを受けたり、泣いたりすることが増えてきます。そうすると来た！ 決めゼリフ**「冗談だって（笑）」「本気にしたの？（笑）」「ウケる（笑）」**コンボ！

ご覧ください、相手をなだめようとする時でも**「そう受け取ったお前が悪い」と他責にするブレなさ。**さらには「そんなに不安定なのウザいんだけど**（笑）**」

「仕事でもそんなことやってんじゃねーの（笑）」と、うんコメントで追撃します。

ディスり芸人の「いじり」に慣れてしまった女性陣は「彼の冗談を真に受ける自分が悪い」「不安定な自分が悪い」と、さらに自分を追い詰めるようになります。霊圧が弱くなる彼女を見てディスり芸人はさらに**「こいつは自分より弱い」と安心する……という地獄ループ**が生まれます。

破綻期

モラハラ被害者は**JP（自尊心ポイント）の圧倒的削減**により「私なんてダメ」「もう彼しかいない」という終末思想に汚染されており、自力脱出が困難になります。

JPを削られると、やつれる、目の色がにごる、笑顔が引きつっている、目がうつろ、といった外見の変化や、不安定になってすぐに泣き出すといった精神の変化が起きるため、周りが「あの子、やばいのでは？」と感づいて退避勧告を発動してお別れするパターンが一般的です。

あるいは、ディスり芸人が「使えない（笑）」と言ってポイ捨てしたり、「あいつ全然ダメなんだよな（笑）」「彼女メンヘラだからさ（笑）」とかなんとか言いながら浮気して、どうしようもないほどに彼女が精神を病んで倒れてしまうパターンもあります。**「恋人の魅力をそぎ落としているのはあなた！　あなたなのです！」**と電柱から吊るして説教したくもなりますが、**彼らは「他責」をデフォルト採用して生きているため、自分が悪いとは露ほども思っていません。**

ディスり芸人は**自信のなさと嫌われたくない精神**ゆえに、相手のＪＰをドレインして**「俺が上☆」と上下関係をウマウマする小物妖怪**なので、「私はあなたの下に置かれる人間ではありません！」と強い口調で「ノー」と言えば「なんだよ、本気にしてー（笑）、こっわい女ー（笑）」という捨てゼリフを残してすぐに退散します。

「なんで心配させるような
ことするの？」

そくばく-つかい
〔sokubaku tsukai〕

束縛使い

束縛使いは、「恋人が自分の思いどおりに動くか」を愛の指標にして、行動を制限して満足感を感じる男です。彼らにとって、愛は縄の形をしています。オンラインオフライン両展開の24時間パノプティコン（全展望監視システム）を展開し、「愛の巣」という名の牢獄につなぎとめようとします。彼らは情報収集と分析が大のお得意です。週7日のスケジュール把握は当然のこと、LINEのレスポンス測定、通勤コースの把握と帰宅時間の逆算、友人名と所属企業のリスト化、GPS利用による現在位置の把握、最寄りのコンビニでの滞在時間の定量分析など、彼女のあらゆる行動情報を取得して、束縛の理由に使おうとします。

束縛使いは2パターンに分類できます。

☞ 俺様の言うことが聞けないのか!? というウエメセ支配
☞ 僕のことを見捨てないで裏切らないで！という見捨てられ不安

真逆のように見えますが、相手が自分の指令どおりに動くことで愛情や優越感、安心感を覚える点では同じ。束縛使いの理不尽な主張を断ると「なぜ言うことを聞けないの？」「自分のことを愛していない証拠だ」「君は浮気しているのでは？」とトンデモ三段論法で攻め立て、大魔法「君を愛しているからだ」に帰結させます。伝統的なヤバ男ですが、見た目は好青年で紳士的なため、「優しい人」という表層にだまされて縛死する女子が絶えません。

ハマるターゲット層

- 「私しかいない」恋愛に対して憧れがある
- ドS彼、壁ドン、顎クイの強引アプローチが好き
- 好みがはっきりしていない
- 自分を含め、人間の感情に鈍感
- ひとりになりたくない

ターゲット層へのアプローチ

- 見た目はさわやか
- 「大丈夫？」など相手をよく気にかける
- 電話やLINEなどの連絡をマメにする
- 荷物を持つなど、紳士的な優しさを見せる

後ろめたいことがないなら、全部を見せられるでしょ？

インタビュー

専門商社に勤めるバリキャリ。激務すぎて一度、休職したことがある。波氏ができて半年ほど。

ぱぷりこ（以下：ぱ）「波氏できたんだよねー！ ラブのろけが聞きたい！」

「もち！ あ、その前に一緒に写真を撮っていい？」

ぱ「ん？ いいけど、あまり自撮りとかしなかったのにどうしたん？」

「一緒にいる人の写真を彼に送ってるんだよね」

ぱ「…………なるほど？」

「彼、すごい心配性で、いつも『どこにいるの？』『今日は何してるの？』って連絡が来るんだよね。だから、最近こうやってツーショットを送るようにしてるの。そうじゃないと『位置情報を送って』って連絡が、返信するまで来るからさ。最初はめんどいなって思ってたけど、友達との記念も残せるからいいかなーって」

ぱ「いや、なんかすごくいい話風だけど、すごく暗黒スメルがただよってるんですが？」

「よし、送信完了っと。大丈夫ーこれでしばらくは満足してくれるからさ。ぱぷりこのこと気になってるぽかったからFacebookの投稿を見せたら『おいしそうな料理を作るね』って褒めてたよー」

ぱ「あ、ありがとう？ そこ？ っていうか事前に会う友人のFacebook情報を共有してるの？」

「そうだねーわりとメールとかFacebookとか待ち合わせLINEとか見せるかも。あと、毎月1日と15日に飲みの予定は全共有してるから、私の友達のことはだいたい知ってるよ」

ぱ「え、予定を定期バッチ処理で全共有？ なぜ？」

「仕事とか飲みの予定を把握してたら、一緒に会う時に困らないでしょって言われて。今日は平和に来れたんだけど、ちょっと前に大ゲンカしちゃってさ。写真を撮られるのが嫌な子と一緒にいたから、しょうがないから送らなかったんだけど、そうしたら『なんで隠すの？ 疑われてもしょうがないよ？』『後ろめたいことがないなら、全部を見せられるでしょ？』って怒っちゃって。その時は事情が事情だし、『毎回は送らなくてもいいんじゃない？ 疑われてるみたいでイヤ』って伝えたら『隠したい気持ちがある君のほうがおかしい』って言われたんだよねー。どう思う？ ぱぷりこ。私、やっぱりおかしいのかな」

ぱ「いや!? そこで『自分がおかしい』ってならないよ！『隠したい気持ちがある』っていう断定、波の方がおかしくない？ Sちゃんの話、まったく聞いてないじゃん」

「そうかな……でもすごく優しいし、イヤなことを言ったりとかもしないんだよ。私、前に激務すぎて休職したことあるじゃん？ その時の彼氏は私より体力があって『できないのは甘え』ってタイプの人だったから、優しくされないし労わってくれないことが悲しかったんだけど、今彼は真逆で、むしろ労わりすぎるぐらい労わってくれるし。私、つい頑張りすぎてオーバーワークしちゃうから、彼を心配させないようにしたいんだよね」

ぱ「元彼の好きじゃなかったところとの比較ってけっこう危険だよ！ 単純に元彼と逆のタイプに言ってもまた別の問題を抱えることになるって、恋愛魔窟の長老が言ってたよ！」

「うーん、でも、優しいのってやっぱりうれしいし。最近よく『もう仕事やめたら？』って言われてるんだよね。『体調また崩したら大変だよ。専業主婦になってずっと家にいればいいじゃん』ってプロポーズされちゃった。ちょっと早いかなって思ったけど、私ももうアラサーだし、やっぱり仕事は忙しいままだし、彼のことを心配させたくないし、もう同棲しようかなって思ってるんだよね」

ぱ「プロポーズ！ 話が早い！ あれ、Sちゃんって専業主婦願望あったっけ？ ずっと仕事したいって言ってなかった？」

「仕事は楽しいけど、子供を産むこととか考えるとこの激務生活は続けられないし。それに、彼も忙しくてストレスが溜まっているから、彼を笑顔で迎えてあげたい気持ちもあるんだよね。それに、私に興味がないような人よりも過剰くらいがいいかなって。よく『女は愛されたほうが幸せ』って言うし。それに連絡が原因なら、一緒に住めば解決しない？」

ぱ「なるほど『遠いと束縛されるなら、近くで安心させよう』という戦法。なんという肉を切らせて骨を断つ作戦！ でもその話だと、同棲したからって連絡が減るとは思えないんだけど」

「えーそうかな……そういえば仕事終わりに彼の家に行く時に、予定の時間より40分ぐらい押しちゃった時に、連続で着信が30件くらい来てた。会社の会食だからスマホを触れなかっただけなんだけど、留守電30件に『どうしたの？』『連絡して』『心配』って入ってて、さすがに驚いた。でも同棲すればそういうこともなくなるんじゃないかなって」

ぱ「もう完全にそれは束縛では！ 同棲や結婚というイベントで人間に変わることを期待するのは危険だし、イヤなことをイヤと伝えて聞く耳を持たない男は地雷だよ！ そして束縛は愛じゃなくて支配だよ！」

「うーん……でも、悪い人じゃないんだよー。前彼と違って、今の彼は私がいないとダメって感じがして安心するし。でもぱぷりこと話して、やっぱり彼はちょっと過剰かなって思ったから、今度もう1回ちゃんと話し合ってみるね」

（話し合いができないから今の状況なのでは……でも恋は盲目……）

半年後。

ぱ「……痩せた……っていうか、やつれたよね？」

「うん……あのあと、同棲するしないで超揉めて、別れるのにも本当に大変だった……。着信183件という、最高記録を樹立したよ……。家の前に待ち伏せとか、会社まで来たりとか、すごかった。最終的に向こうの親と職場を巻き込んでのえらい騒ぎになったよ。そもそも彼、私が好きなんじゃなくて『自分を不安にさせない存在』が欲しかっただけなんだよね……」

自分の思いどおりにならないと相手を責める人、イヤだと伝えたことに対して聞く耳を持たない人は地雷です。

束縛使いは付き合いが深まってから、というか「付き合ってから」しかその**本性を見せない**ため、付き合う前に判断するのはかなり難しいです。

出会いの場に出てきた段階では外交モードが発動しているため、ヤバイ要素はほとんど見当たりません。むしろ「**大丈夫?**」「**平気?**」「**イヤじゃない?**」など、こちらをケアするような**ラブ言霊を頻発**させ、**ふるまいもジェントル**なので、「この人は優しい人。王子!」と**好感度がブチ上がるパターン**が多いです。

束縛使いは、女性の自信のなさや不安感、ストレスにとても敏感です。「年上の余裕」を出せる年下女子はもとより、仕事に追われて日々のストレスにやられているバリキャリなどに対して、「**心配**」「**共感**」「**デバイス越しのコミュニケーション**」を**駆使**して近づきます。受け入れやすい相手をターゲットにしながら、「**親切で優しい人**」という**仮面をかぶり、**素敵な人として地位を確立する戦略家です。

女性陣は、彼からのマメな連絡やデート時のふるまいを見て、「自分のことをよく見てくれてる」「気にかけてくれている」と感じて、LOVEゲージがガンガン上昇して恋が始まり、**縛りの民の一員**になります。

付き合い期

付き合ってからが、束縛使いの本領発揮です。彼らは言葉巧みに彼女の行動を制限していきますが、**最初はちょっとした恋人同士のお約束☆めいている**ため、彼女陣は束縛とはとらえず「恋愛のスパイス」として楽しみます。

「なるべくすぐレスし合おう」

「できるだけ一緒にいたい」

「心配だから電話して」

お付き合いしたてのキャッキャウフフ期に、彼からこのような申し出をされたら「**愛されてるー！ 幸せー！**」とドーパミンが大☆放☆出☆。束縛使い

は「束縛は絶対イヤ！」「自由主義への侵攻は死！」というタイプとは相性がきわめて悪く、連絡が頻繁に欲しいタイプとのみ付き合うので、初期には疑問を持たれません。

雲行きが怪しくなるきっかけは、些細《ささい》なことです。代表的なパターンは２つ。

・連絡が取れなかった
・異性の話が出た

束縛使いは自分の影響力が及ばない事柄を嫌うため、態度が豹変します。彼らは「相手が自分のコントロール下にいない！ 不安！ こんなに自分を不安にさせた！」と考えるので、自分はもちろん被害者。「なぜ連絡をくれなかったのか？」「どれだけ心配したと思うのか？」と相手がさも加害者であるかのように語り、恋人の罪悪感を煽ります。植えつけた罪悪感を利用して、再発防止策という一見すると正当な理由で厳格な「彼が安心するためのルール」を策定して公布します。共和制だと思ったら専制君主制という、とんだトラップの発動です。

「必ず朝8時と夜20時、23時に連絡すること」

「夜20時までには帰宅すること」

「友人との予定は共有し、相手との写真を送ること」

「異性の友人とは会わないこと」

「自分の電話には1分以内にコールバックすること」

「異性の連絡先はすべて消去すること」

「開示要求があった場合は、すみやかに位置情報を共有すること」

「露出の多い服は着ないこと。スカート丈はひざ下5センチ以上とする」

「帰宅後にコンビニへ行くことは控えること。

行く場合は10分以内に帰宅すること」


彼女が「ムリ」と抵抗しようものなら「俺を愛していないのか」「君が僕を心配させるから悪い」「嫌がるのは隠し事があるからだ」というホップ・ステップ・バンジージャンプでトンデモ論理を展開します。言われた彼女勢はその強い口調にめん食らい、「あれ自分がわがままなのかな…？」と疑問を抱き、彼らの言うことに従ってしまいます。

なぜ彼女勢がこんな要求に従ってしまうのかと言えば、**「優しくて自分を大事にしてくれている彼氏」という初期イメージがインストールされているから。**「あの彼がそんな風に言うならそうなのかな……？」「私が彼を心配させたのが原因だし、信頼を取り戻さなきゃ……？」と修正プログラムが自動で走ってしまい、理不尽を飲もうと努力してしまいます。

「元彼に浮気されたから、自分にゾッコンの人がいい」「元彼は放置する人で不安だった」「そろそろ結婚したい」という「元彼フィルター」「結婚フィルター」も、問題をスルーさせる要因です。

彼女が彼の「指令」に従っていれば「優しい彼氏」に戻るため、「変かも」と思った疑問を忘れてしまうことは少なくありません。

破綻は「彼女が彼の束縛に限界を迎える」か「彼女の社会生活が崩壊しかける」かで訪れます。束縛使いは**盲目的に「恋人」に執着する**ため、彼側が浮気し

たり、彼から別れを切り出すことはまずありません。

彼の望みは「ふたりの間に何も空白のない関係」ですが、それは相手を部屋に監禁し、外界との接触をすべて断絶しないと叶いません。物理的に**「ふたりだけの世界」を構築しようとルールを策定**しますが、人権を保障されている限り、それはムリってもの。

まじめに彼の望みを叶えようとすると、**社会から断絶される**ため、自分の意思で箱庭から出ていくか、周囲が異常に気がついて脱獄支援するかでしか終わりません。どちらのパターンでも、束縛使いは別れ話を了承しなかったり、何度も復縁を迫ったり、家の近くで張り込んだりと、**ストーカー化する危険性が高い**ため、周囲への協力要請が重要なカギになります。

「愛情」という名の呪いを生成する呪詛《じゅそ》タイプの妖怪です。隔離して封印しましょう。

追散の章

なぜつらい妖怪恋愛にハマり続けるのか？

なぜ女性たちは、つらい恋愛、不安になる恋愛＝妖怪恋愛を続けてしまうのでしょうか？「あれ？なんか幸せな恋愛じゃないな？」と感じているにもかかわらず、同じような恋愛を繰り返すのでしょうか？

これは3億年前から存在する難問です。つらみが趣味だから？日本酒のアテにはつらみがなくっちゃ締まらない！というタイプのホモ・サピエンスだから？違うよね。

私の考える結論はこうです。

❶好きな相手・付き合った相手が「妖怪男」だから。

❷自分の求める「理想」を自分で知らないから。

❸つらいと感じているにもかかわらず、「つらい現実」を見ないから。

これらのいずれか、あるいは全部です。

恋愛に限らず人生は魔窟なので、自分に合わない相手と出会って傷ついたりショックを受けたりすることはよくあります。とはいえ、深入りせずにとっとと袂《たもと》を分かてば、回復不能なほど傷つくことはありません。しかし妖怪恋愛にハマり続ける子たちは、自分を傷つける相手とずるずる関係を続け、TP（つらみポイント）を蓄積し、JP（自尊心ポイント）をゴリゴリ削って大ダメージを食らいます。なぜなら「自分の求める理想を自分で知らない」「つらいと感じているにもかかわらず、つらい現実を見ない」から。

つらい恋愛の基本構造は「理想と現実のギャップ」

つらい恋愛は、「理想の恋愛関係」と「現実の恋愛関係」にギャップがある時に生まれます。これまで見てきた妖怪エピソードでも、理想と現実に深い深ーい谷間が存在します。

セフレ牧場経営者との恋愛では「付き合いたいのに、付き合えない」子羊たちが阿鼻叫喚し、コンサル男との恋愛では「ラブラブチュッチュを求めているのに激詰め」で心を病む女性陣の屍が積み上がりました。

しかし、つらい恋愛にハマる人は、この恐ろしい谷が見えていません。「理想」か「現実」、あるいはその両方を自分で把握していないからです。どちらかがぼんやりしていれば、ギャップなど見えるわけがありません。そしてギャップが大きければ大きいほど、つらみは増していきます。どんどん疲弊していく構造ど真ん中にいるのに、「あれ？なんでつらいんだろ？モテテクが足りないから？」とまったく無意味な改善策を続けてさらに疲弊する……これがつらい妖怪恋愛の構造です。

なぜ自分の理想と現実を把握していないのでしょうか？自分のことなのに？それは「妖気」のせいです。

妖気とは、自分の理想や現実を覆い隠して見えなくさせるものです。理想を覆い隠すのは、思い込みや周囲からのプレッシャー、「女はこうすべき」という常識。つらい現実を見えなくさせるのは、「このつらさこそ本物の愛の証！」といった鎮痛ポエムによるキラキラ粉飾、「相手が変わったらこのつらさから抜けられる」という根拠なき期待、

妖怪恋愛の構造

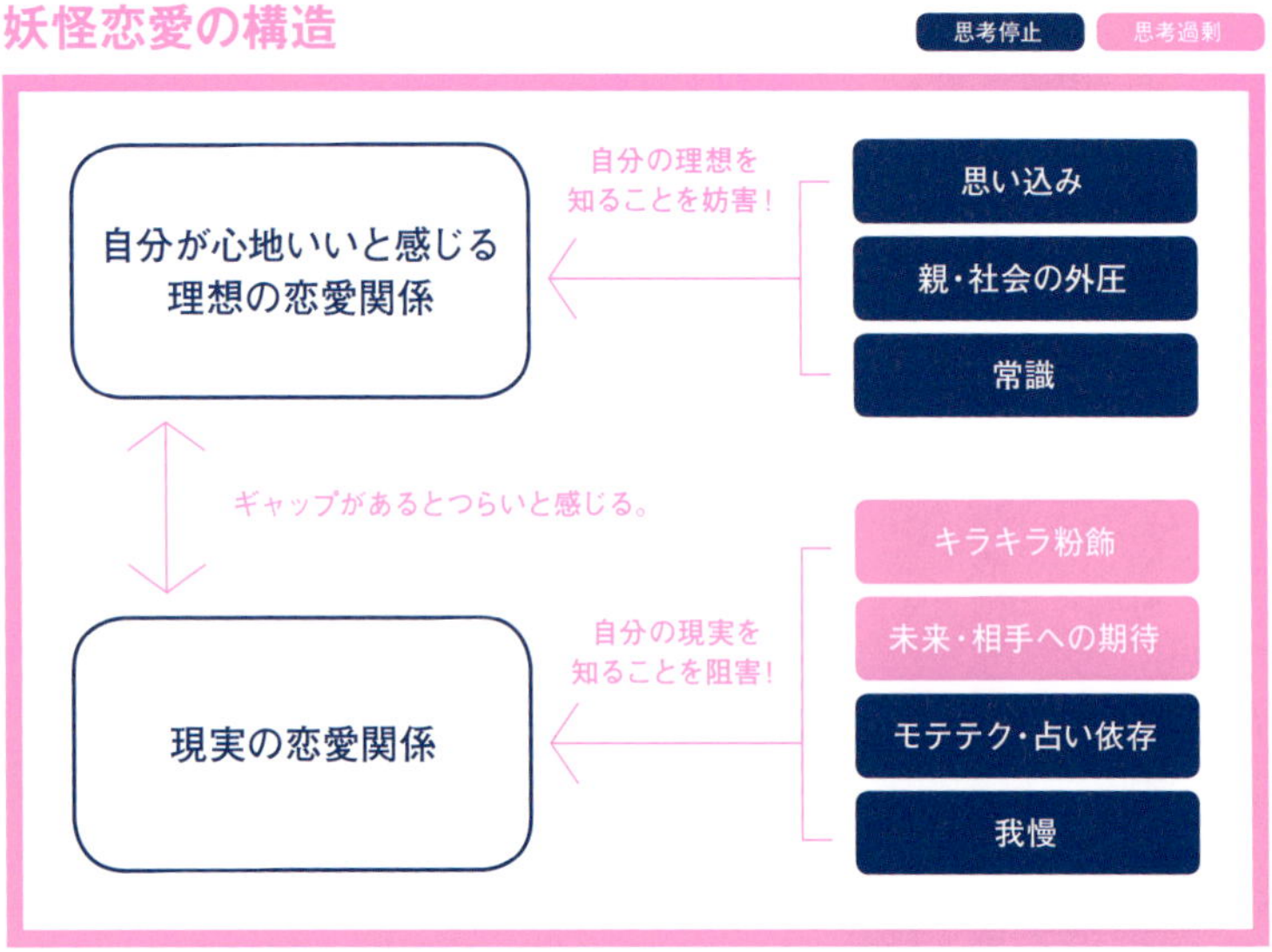

「ハイスペ男を惚れさせたいならセックスは断らないこと！」「大丈夫だよ、彼はあなたと結婚したがっている」とこれまた根拠なく言ってくるモテテクや占い、我慢すれば報われるという我慢信仰です。

図を見ると、いくつもの妖気が「自分の理想を知らない」「自分のつらい現実を見ない」状況に導いていることがわかります。

つらい恋愛ループから抜けるには？

妖怪恋愛の構造から抜けるにはどうすればいいでしょうか？ すべての問題解決に共通しますが、まずやるべきは問題の把握、つまりはギャップの把握です。そのために必要なのは下記の3つ。

❶邪魔している妖気を退散させる
❷自分の求める理想を知る
❸つらい現実を知る

ここまでできたら、妖怪男に結界を張ったり退散させることはそう難しくありません。戦略が決まったら戦術だ！ というわけで、魔窟ウォッチャー選りすぐりの「妖怪恋愛☆退散のお札」を紹介しましょう。

「好き」「嫌い」判定を毎日こなす 1

〖お札の効果〗理想の把握、現実の把握

妖怪退散の基本は「自分の好き嫌いをきっちり把握する」こと!! 数をこなしまくって体にたたき込むべき基本所作です。なぜなら理想の恋愛は自分の「好き」が詰まったもので、苦しい恋愛は「嫌い」が詰まったものだから。

つらい恋愛から抜けられない人は「自分の理想＝自分の好き」を把握していないことがとても多い。自分の心に注目してあげていないので「不安だけど……好きなのかな?」とふわっとしており、妖怪たちが「好きなんだよ! イヤじゃないんだ! このままでいいんだよ!」と惑わしてくるので「そっかー」と流され、TP(つらみポイント)が蓄積ドンドン☆という構造です。

妖怪が入る隙間をなくすため、自分の幸せな状態を見つけるため、「好き」「嫌い」を判断する癖をつけることは超重要! プロひよこ鑑定士のように「好き嫌い嫌い好き好き嫌い嫌い好き好き」と音速判断するイメージで数をさばいて訓練しましょう。恋愛だけでなく、漫画や映画、恋愛話、周りの言葉、ニュースなど日常生活で判断しまくると、考えや志向がくっきりはっきりしてきます。

「えーどちらでもないよ」という気持ちはわかります。好き嫌いを決めるのが苦手な子ほどそう言いますが、どちらでもないは禁止! 世の中、ど真ん

（キリヌキ✂）

中ゼロをぶち抜く「どちらでもない」などなく、ほとんどがちょっとは好きか嫌いに寄ってます。どちらでもないを選ぶ＝判断の訓練を怠ることなので、極端でもいいので「好き」「嫌い」に振り分けましょう。

これは訓練です。だからどれだけ間違ってもいいし、あとで修正してもオッケー。気楽でしょ？ でも妖怪退散の基本、呼吸と同じなので、怠けると悪い妖怪が寄ってくるぞ☆

イヤなことには「NO!」 2

〖お札の効果〗理想の把握、自分を害する存在への結界

イヤだと感じること、自分が望まないことをやれと言われたら、「イヤです」「私はやりません」と宣言!! 我慢しない!! 妖怪男と付き合う女子がなぜ疲弊していくのかといえば、望まない恋愛をしているのに我慢するから。「彼と付き合いたい」「ダメ出しされるとつらい」など「本当はイヤだ」という気持ちを持っているのに、相手に伝えず我慢しています。

我慢は問題の解決方法ではなく、問題の先送りです。不安やつらみは時が経つごとに増し、むりやり押し込めた感情はいずれバスガス爆発破綻します。爆発破綻を防ぐ方法は2つ。こまめにガス抜きをして不安や不満が満タンになる状態を防ぐこと。そして、そもそも自分を不安にさせる存在とは関わらないこと。両方に使えるのが「イヤなことにはNO！」。

妖怪たちは、「NO」を言えない人をターゲットに選びます。受け身、相手の顔色をうかがう、相手の意見に従う、自分の感覚より周りや常識を優先する、という性質は美徳ともてはやされることもありますが、他人を利用する人たちからすれば「甘い・弱い・ちょろい」が三拍子揃ったカモネギバーベキュー対象です。マインドコントロールや詐欺の対象に選ばれるのもこういう人たち。

「自分の意見を言って嫌われるのが怖い」「言い返されるのが怖い」という人がいますが、「NO」と言われるのが怖いのは誰だって同じ。むしろイヤなことを要求してくる人ほど「イヤ」と言われることを恐れています。自分を否定されるのが怖いから、否定しなさそうな人を選んでいるのですから。

「イヤ」「NO」は強力な結界です。たった2文字で自分を害する存在から自分を守ってくれます。

（キリヌキ✂）

☆

妖怪退散

妖怪恋愛退散御札

NO、イヤです

3 常識や外圧は既読スルー

〖お札の効果〗理想の把握、自分を害する存在への結界

「なんか違うなー」と思う常識や世間体、親の希望、周囲のコメントは既読スルー!! 自分の好き嫌いを把握していない人は、自分の意見ベースで選択・意思決定せず、「常識に合っているか」「正しいか」「多くの賛同を得られるか」という、自分以外の誰かの意見ベースで物事を決めがち。

他人ベースの意志決定には、それぞれ3つのメリットとデメリットがあります。

メリット

1：意思決定するコストがかからない。
2：失敗を他人のせいにでき、ストレスから逃れられる。
3：「みんなこれを選んでるから」と自分を納得させられる。

デメリット

1：好きでもないことを選んでしまうリスクがある。
2：「自分の理想」を自分で知らないままになる。
3：悪意や打算がある人間の意見も取り入れてしまう。

他人の意見が自分の好みと偶然にもマッチすればハッピーですが、そうでないとアンハッピーこのうえなし。

「黙って男を待つのがいい女」「男を立てるのがいい女」は一部男性の願望にすぎないのに、「常識だから」「彼が言うから」「親が言うから」と他者ベースで

（キリヌキ✂）

決めると、どんどんつらみがたまっていき「都合のいい女」化します。「ハイスペ男と結婚しないと親に認められない」というのも立派な外圧。

すべて自分で決めろ、社会や家族など無視せよ、己の国の王となれと言っているわけではありません。ただ「なんか違う」「ストレスがたまる」と思ったら、そっと外圧を既読スルーしましょう。常識や周りの意見が自分の理想を覆い隠す妖気だった……なんてこと、よくあります。

断定口調をやめる 4

〘お札の効果〙理想の把握

「私はこうだから」「恋愛ってこういうものだから」という決めつけ断定口調は封印!! 似た恋愛をしては失敗し、苦しんでいる女性ほど「だって恋愛ってこういうものでしょ」「私、Mだから」「女は愛されるのが幸せだから」という断定口調で物事を語る傾向にあります。

「恋愛ってこういうものと聞きました」「私、Mかもしれない」「女は愛されるのが幸せのようです」と伝聞調にすればいいわけじゃありません。問題は、自分のいち意見を宇宙の理であるかのように信じ切り、別の仮説を立てたり検証せず、反論も断固拒否する頑なさ。

「私、かまわれキャラだから」と言ってコンサル男やディスり芸人の餌食になって繰り返し爆散したり、本当は穏やかな家庭を築きたいのに「ハイスペ男と結婚するのが女の幸せ」と言って港区の男や不倫おじさんにばかり引っかかったり。ループの原因は「決めつけ」ということ、よくあります。

自分の意見は大事です。強い自己主張があることは素晴らしい。でも、何度も失敗を繰り返しているのに、「でも正しいもん」「そういうものだもん」と言い続けるのは、意見というより、もはや天動説めいた「思い込み」です。

（キリヌキ✂）

自分の失敗を認められないプライドが高い人ほど、断定口調を強め、失敗とストレスを重ね、さらに攻撃的になっていきます。

「思い込みが強い」と「周りの意見に流される」は正反対のように見えますが似ています。どちらも「自分」か「他人」かに極端に振り切っていて、自分への問いかけがありません。自分の妖気で自分の理想を見えなくしています。だからいったん妖気噴射、とめてみよ☆

5 自分のために怒る

〖お札の効果〗現実の把握、自分を害する存在への結界

ニッポン女子よ、自分のために怒れ!!

皆さん、怒らなすぎ。自分を責めすぎ。我慢しすぎ。苦しい恋愛をしている時や終わった時、静かにひとりでふつふつと怒り続けている女性、けっこう見かけます。そういう女性たちは自分のために怒ってあげていないから、怒りから解放されていません。

どんなことにも怒れ、憤怒の鉄槌をくだせ、訴訟せよ、と言っているわけではありません。「自分のために怒る」とは、誰かに負の感情をぶつけてすっきりすることではなく、「私は怒っている！ 傷ついている！ この気持ちはしょうがない！」と自分の感情を自分で認めてあげること。うんコメント爆撃された、浮気された、彼女扱いしてきた彼は実はとっくに婚約していた……恋愛をしていれば真っ黒感情が湧き出ることはいくらでもありますが、「自分が悪い」「付き合った人を悪く言ってはいけない」とふたをすると、自分の傷つき弱った心を無視することになります。

自分のために怒ることは、自分を大事にすることと密接につながっています。自分の大切な人がバカにされたり、騙されたりしたら「ひどい！ 許せ

ない！　滅せよ！」と怒るでしょう。それと同じことを自分にもしてあげるだけ。自分のために怒るとは、自分の味方になってあげることです。

心にたまった苦しみや怒りは膿《うみ》です。毒です。「私は！　彼という男の！　この言動に！　怒りました！（怒り！　怒り！　怒り！　というシュプレヒコール）」ときちんとラベルづけして、怒りのデス供養をしてあげましょう。ゾンビ顔をしながらコスメにお金をかけるより、自分のためにちゃんと怒ること。

（キリヌキ✂）

6 「自分が悪い」は封印

〖お札の効果〗現実の把握、自分を害する存在への結界

つらい恋愛に悩む女子ご用達「私が悪い」は封印!!

「自分のために怒る」と対になるお札です。自分のために怒れない人は「自分が悪い」「自分が至らなかったせい」「相手を怒らせてしまった自分がダメ」と自分を責めがち。自省や内省は大事ですが「すべて自分が悪い」と過剰に自責することは、「私は何も悪くないもん！」とまるっと他責にするのと同じぐらい罪深いと心得よ。

なぜなら、原因と課題をぜーんぜん見ていないから。世の中「どちらかが100％悪い」ことはほぼなく、だいたいは「どちらにも言い分と利害があり、両者にズレがある」。なのに自分と相手の状況と考え方を見ず「圧倒的ハイスペ彼の期待に沿えなかった自分が悪い」「彼の言うことを理解できなかった自分が悪い」と考えるのは、端的に言って思考停止です。「自分が悪い」と言っていれば、自分や相手の真っ黒い感情を見ずにすみますが、目をそらし続ける限り、また同じ問題にぶちあたります。

なので「自分が悪い」は潔く封印！　その代わり「相手の望みと私の望みはなに？」「どこにズレがある？」「認識に齟齬《そご》はない？」「どうしたら相手と友

（キリヌキ ✂）

好条約を結べる？」「それとも断絶すべき？」と、自分と相手をちゃんと見て、現実逃避をやめましょう。

「自分が悪い」は、現実を見えなくさせる真っ黒妖気です。それに「自分が悪い」と言ってると「そうだお前が悪い！」という他責妖怪をホイホイ招き寄せることになるから封印！滅っ！

自分の気持ちや疑問を言語化する 7

〖お札の効果〗理想の把握、現実の把握

言語化!! 恋愛に悩む紳士淑女の皆さん、ぜひこの言葉を待ち受け画面にしていただきたい。霊長類のスーパーツール「言語」を使いこなしていない人が多すぎます。私のもとに舞い込む相談の解決策の8割は「疑問点を相手に聞こう」「自分の気持ちを相手に言おう」「話し合おう」に集約されると言っても過言ではありません。「イヤなことにはNO！」と言える女性でも、自分の希望や気持ちとなるとモジモジして言わないのはなぜ？ 最も多いのは「結婚したい」、他にも「もっと好きと言ってほしい」「自分のことをどう思っているのか知りたい」「自分は彼女かどうか聞きたい」「結婚するつもりなのか知りたい」「他に女がいるのか知りたい」など、数えればキリがありません。

そういう疑問や希望を言語化しようとしない人は、なぜか占いや私のようなインターネットの妖精に聞いてきます。

「彼の本当の気持ちを教えてください」

「彼に、私の気持ちは伝わっていますか？」

わかりません。私は彼ではないし、大魔法使いでもありません。本人に伝えましょう。質問しましょう。

（キリヌキ✂）

「彼に聞くのはコワイ」という気持ちはよーくわかりますが、本書で見てきたように、恋愛魔窟で阿鼻叫喚となるのは「相手に疑問点をきちんと聞かない」からです。「きっとこうだよね?」「こういう意味だよね?」「私は彼女だよね?」「付き合ってるよね?」「本命だよね?」と、自分が聞きたいことを聞かずにモジモジしていても、相手には伝わっていません。ホモ・サピエンスたるもの、誇りを持って自分の言語を駆使しましょう。

相手にエスパー能力を要求しない 8

〖お札の効果〗現実の把握

21世紀の人類にエスパー能力を要求しない!!「自分の気持ちや疑問を言語化する」と対のお札です。エスパー能力の要求なんてしないよ、当たり前だよ、何を言ってるんだおまえは、と思うかもしれませんが、「彼にエスパーになってほしい」ということをさらりと言う子はけっこういます。

「私が告白されたがったるの、知ってるはず」

「もう付き合って3年だし、私の結婚願望をわかってると思う」

「30歳で付き合い始めたし、適当な気持ちじゃないのはわかるはず」

彼にそのことを伝えたの？と聞けば「話してない。でもお互いのことをわかってるから」「ちゃんと見てればわかるはず」と真顔で返されますが、私からのコメントはただひとつです。彼はわかってません。なぜなら彼はエスパーではないからです。たぶん。

エスパー信者の恐ろしいところは「はず」「思う」「当然でしょ」という自分の思い込みで未来予想図を描いたまま、相手の要望をまったく確認せず突き進む点です。思いは伝わる、願いは叶う、ドリームカムズトゥルー……とロマンスポエムを決め込み、彼氏にエスパー能力を期待しても無

駄無駄☆無理無理☆

科学技術が大幅な進歩を遂げたとはいえ、まだ人類は「言語を介さずに物事を伝え合う」ステージには達していません。自分がエスパーじゃないのに、相手にその能力を求めるのは酷ってものです。自分も相手も「言語」を持った人間です。わからないことや不安なことは指さし確認、声出し確認。だから言語化しよっ☆

（キリヌキ✂）

9 相手の変化を期待しない

〖お札の効果〗現実の把握

「彼は変わるかも」と相手の変化に期待しない!! 人間は変わらない!! 妖怪も変わらない!! 何かをきっかけに相手が変わり、自分の理想どおりになってくれるかもしれない、と期待するのはやめましょう。

「一緒に住んだら浮気をやめるかも」「彼が転職に成功したらプロポーズしてくるかも」と想像することは自由ですが、「期待」を自分の人生計画に組み込んではいけません。

「彼のトラウマが癒えれば付き合える」「3年も付き合えば、気持ちが固まってプロポーズしてくる」といった「彼が変われば私の計画どおり」と言う人がいますが、それは計画ではなくポエムです。

自分の志望校に偏差値が遠く及ばないのに「自分より偏差値が高い人全員が受験日当日に腹を下す。だからこのままでオッケー」と言う人がいたとします。良い計画だと思いますか? 思いません!

基本的に人間は、「変わりたい!」という強い意志と実行力がなければ変わりません。本気で相手に変わってもらいたいなら、相手に変わってほしいところを伝え、理由を説明し、納得してもらい、行動してもらい、持続してもらうことが必要です。でも多くの恋する乙女は、相手に自分の希望を伝えず「彼が変わってくれるかも」と心の中で期待しているだけです。
理想と現実にギャップがある時、「自分の気持ちを言語化しない×相手の変化を期待する」という悪魔コンボを決める人の多くが夢破れて阿鼻叫喚地獄へ向かっていきます。
相手の気持ちは、お天気と同じ。コントロール不能と心得よ！

（キリヌキ✂）

妖怪恋愛退散御札

妖怪退散

妖怪ノン変化

10 キラキラ粉飾でごまかさない

〖お札の効果〗現実の把握

ロマンスポエムでごまかすと百倍返しがやってくる!!

キラキラ粉飾とは「今ある現状を直視せず、都合の良いキラキラ物語にして、見たくない現実をごまかすこと」。

「本命彼女かどうかわからない」→「でも好きじゃなかったら一緒にいないよね」

「彼に奥さんがいてつらい」→「妻は戦友で、女としては私が一番だって」

「いつも監視されて苦しい」→「いつも私のことを考えてくれている」

このようにキラキラ粉飾は、つらい恋愛をする人に人気のオプションです。

「彼の気持ちがわからなくて不安」「彼の要求が高すぎてきつい」と感じているにもかかわらず、「このつらさは本当の愛の証！」「私は成長している！」とキラキラ粉飾をキメて、地獄へ行進する女子が後を絶ちません。陶酔と勘違いも恋の醍醐味《だいごみ》だって？　ノーノー。キラキラ粉飾を続けることには明確なデメリットがあります。

・つらい現実、見たくない現実から目をそらすため、問題が解決しない
・つらい現実を肯定しているため、状況は悪化する
・問題と原因をすり替えるため、問題解決が難しくなる

刻一刻と腐るものを「フレッシュ！」と言い張るだけなので、キラキラ粉飾を続けるほど、リカバリーは困難になります。さらに「現実を見ない」という悪癖がつくオマケつき。キラキラ粉飾では、理想と現実のギャップは埋まらないぞ☆

（キリヌキ✂）

妖怪恋愛退散御札

妖怪退散

滅・キラキラ粉飾

11 占いやモテテクに依存しない

〖お札の効果〗現実の把握

エンターテインメントに人生を任せるべからず!!

彼と付き合えるかどうかわからない、自分を好きかどうかわからない、どうLINEに返事すればいいかわからない、恋愛はわからないことだらけです。わからないことにはストレスがかかるので、すべてを掲示してくれる「マイ卑弥呼」が欲しい気持ちはわかります。でもね、それをエンターテインメント（占いとモテテク）に求めちゃダメ。

占いやモテテクは、ストレス解消や気分転換スイッチとしては優秀なエンタメで、用法用量を守って使う分には問題ありません。が！ 使用量を間違えると依存まっしぐら☆「欲しい答えが出るまで占い行脚」「愛され女子になるはずが都合のいい女化」などの弊害が出ます。

モテテクでは「好きなら付き合う前にセックスせよ」「付き合う前はセックスしちゃダメ」どちらも存在します。どっち!? と混乱します。結論から言うと、「時と場合と人による」。何を選ぶかは人の好みと理想によって異なり、結局は、「好き嫌い判定」に帰結します。

人生は思いどおりにはいきませんが、「何を選び、どう決断するか」は自由で

（キリヌキ✂）

す。失敗しても「あの時、自分で選択した」と心から納得していれば「しょうがない」と腹もくくれますが、他者に選択権を渡して選んだ結果がダメだったら「言うとおりにしたのに！」という恨みが生まれます。

人生の行き先や決断を誰かに肩代わりしてもらっても、その結果を引き受けるのは自分だけ。自分の人生に宇宙一、興味を持っているのは自分です。エンタメに選択権を譲渡するスキマなんてないない！

自分の幸せは自分で決める 12

〖お札の効果〗理想の把握、自分を害する存在への結界

人によって「幸せ」と感じる恋愛は違うから、自分の幸福は自分で決めよう!!最後のお札、これは「好き嫌い判定」と同じぐらい超重要です。たくさんの「好き」「嫌い」を集めたら、自分の「理想とする恋愛」が見えてきます。そうすると、世間で言われている「幸せ」や親世代の言う「幸せ」となんかズレてるな？と思うことが出てくるでしょう。

そう、ズレがあってアタリマエ！なのに「周りに合わせなきゃ！」と無理する人が多すぎです。世の中は「ハイスペ彼氏がいて毎日おごり！これが幸せ！」「女は愛されるのが幸せ！モテが幸せ！」といったプロパガンダにあふれていますが、それは「合う人には合う」ものでしかありません。「私もそうしなきゃ！」と、自分の求めるとは違う「他人の理想」を追い求めても、うまく行かないのはトーゼン。他人のめがねは、基本的に自分の視力と合わなくて使えませんよね。それと同じ。幸せも、他人のものは使えないと心得よ。

「自分が求める幸せ」がわかると、理想の恋愛を一緒につくれる相手を探すことがずっと楽になるし、自分を害する存在やうんコメントを投げつけてくる相手とも瞬時に距離をとれるようになります。

（キリヌキ✂）

リメンバー、つらい恋愛の原因は「理想をわかっていない」「現実を見ていない」から。「好き嫌い判定」と自分の幸せの定義は、この問題を解決してくれます。つまりは、自分の輪郭をくっきりはっきりさせればいいってこと。妖怪は、くっきりはっきりしている人が苦手だからね☆

くっきりはっきりの圧倒的メリット・ちょっとのデメリット

自分の好き嫌いを把握し、自分の幸せを自分で決めて、自分の輪郭をくっきりはっきりさせると、恋愛魔窟でサバイブしやすくなります。利用しようとしてくる妖怪男が近寄ってこなくなるし、たまたま妖怪男に出会ってしまってもダメージが少ないうちに逃げられるし、自分の好きなタイプを探しやすくなるし、いいこと尽くめ。

代わりに「不特定多数の人にモテなくなる」という弊害はあるかもしれませんが、だからってそれがなに？ と私は思います。自分の幸せにつながらない人にモテてもしょうがないし、「モテてる」ように見えて実は「都合がいいからカモられてる」だけのこともたくさんあるし、圧倒的メリットには到底かなわない。「より多くの男性に好かれることが女の幸せ」というプロパガンダはいまだ根強いけど、自分が幸せを感じられないなら無駄ＯＦ無駄。

自分にとっての妖怪男は誰かにとっての王子様

自分の好みがわかってくると「人には自分とは違う、さまざまな好みがあるんだな」ということもわかってきます。

どんな人にもいる、合う人と合わない人

☞ セフレ牧場経営者（p.40）

セフレ牧場経営者は、「いつか付き合いたい」と夢見る女性にとっては妖怪男ですが、「私は自分のことで手いっぱいだから男性と付き合いたくない！でも性欲を解消したい！」という女性にとっては最高の棒フレンドです。

☞ 僕を救って男（p.152）

僕を救って男は、「自立がモットー！　依存するのもされるのも真っ平御免！成敗！」という女性にとっては妖怪男ですが、「強がる男性は嫌いだから自分の弱みを話せる人がいい、自分に頼ってくれることがうれしい」という女性にとっては王子様。

☞ コンサル男（p.14）

すべての女を睥睨《へいげい》するモラハラ閣下ことコンサル男にしても、言うことをホイホイ聞いてしまう部下体質の女性はストレスを抱えますが、「他のすべては譲るからいい暮らしがしたい」女子や、「絶対に譲らないところは譲らないから、表面上は彼を立ててあげても何のストレスはない」という部下のふりして決定権は譲らないタヌキな女性とは相性がいいです。

どんな人にも合う人と合わない人がいます。自分にとっての妖怪は誰かにとっての王子様だし、その逆も然り。自分だって、ある人にとっては妖怪かもしれないけれど、別の誰かにとっては理想の相手になれます。さんざん

妖怪男について書いてきた私だって、りっぱな妖怪女です。三度のメシと同じぐらい自立が好きで、主義主張はガンガンするし、ロジックで詰められたらロジックの漏れ抜けと整合性をまとめた上で打ち返す女なんて、「男としての自分を立ててほしい」「おしとやかで控えめな大和撫子《やまとなでしこ》がいい」という男性陣からしたら、妖怪以外の何者でもないでしょう。でも、私はそんな自分を責めません。自分を「男性好み」に改造しようともしません。私が幸せを感じないと意味がないから。

結論「この人と一緒にいる自分のことをすごく好き」が最強である

だからもし「自分の理解を超えている男・自分を傷つけてくる男・自分を搾取してくる男＝妖怪男」と出会ってしまったなら、深追いをやめて「私とあなたは合いませんね」と言って、お互いの道を歩いていけばいいだけ。妖怪男エピソードに登場した何人かは「え？ そういう慣習？ 考え方？ ビックリー」とひとしきりとまどった後、自分に合わないと結論を出したら、さくっと関わり合うことをやめています。搾取タイプの妖怪男は問答無用でバスターしていいと過激派の私は思いますが、それも結局は人の好みによるし。

逆に周りからどんなに「え、本当にその人でいいの？ 妖怪じゃない？」と言われても、「この人と一緒にいる自分のことをすごく好き」と心から思えれば、それは自分にとって「幸せな恋愛」です。自分に合わない人、自分を不安にさせる人、自分を傷つける人とは笑顔でお別れして、3つの掟を守って楽しく魔窟散歩に出かけましょう。

魔窟散歩の掟

ひとーつ「自分で自分のことを理解すべし。好きも嫌いも」

ふたーつ「あやふやな部分を残すべからず。言語を使え」

みぃーつ「受け身でいると妖怪が寄ってくる。それはモテじゃない、カモだ」

あなたも妖怪、私も妖怪。あの出会った妖怪男はきっと誰かの王子様。妖怪退散！

ぱぷりこ
ブログ『妖怪男ウォッチ』を書くインターネットの妖精。たまに外資OL。恋愛魔窟で出会った妖怪男女をブログで供養している。チャームポイントは筆圧。
Twitter：@papupapuriko
ブログ：http://papuriko.hatenablog.com/
note：https://note.mu/papuriko

原稿	ぱぷりこ
イラスト	平松昭子
装丁・デザイン	月足智子
編集	小寺智子

妖怪男ウォッチ

2016年9月28日 第1刷発行

著者	ぱぷりこ
発行人	蓮見清一
発行所	株式会社 宝島社 〒102-8388 東京都千代田区一番町25番地 編集：03-3239-0926 営業：03-3234-4621 http://tkj.jp 振替 00170-1-170829（株）宝島社
印刷・製本	サンケイ総合印刷株式会社

ISBN978-4-8002-5807-6